SOBREVIVÍ

EL ATAQUE DE LOS OSOS GRIZZLIES, 1967

ORIGINALLY PUBLISHED IN ENGLISH AS *I SURVIVED THE ATTACK OF THE GRIZZLIES, 1967 (GRAPHIX)*

SPECIAL THANKS TO JOHN HECHTEL

ISBN 978-1-338-84795-6

10 9 8 7 6 5 24 25 26

PRINTED IN CHINA 62

FIRST SPANISH PRINTING, 2022

ORIGINAL ENGLISH EDITION EDITED BY KATIE WOEHR
LETTERING BY OLGA ANDREYEVA
INKS BY BERAT PEKMEZCI
COLOR BY LEO TRINIDAD
BOOK DESIGN BY KATIE FITCH
CREATIVE DIRECTOR: YAFFA JASKOLL

MARTES,
DE AGOSTO DE 1967
Cerca del chalet de Granite Park
arque Nacional de los Glaciares, Montana
Alrededor de las 9:30 p.m.
Helado
Roscas

UN OSO GRIZZLY.
GROARRRRRRRRRRRRRRR.
SUS AFILADAS GARRA
BRILLAN A LA LUZ
DE LA LUNA.

SÉ QUE ESTE OSO QUIERE MATARME.
PUFF UFF
UFF
UFF
ESE PINO ES MUY PEQUEÑO Y DELGADO.
PERO ES MI ÚNICA ESPERANZA.

AGARRO UNA RAMA BAJA.
GROARRRRR
LA GARRA DEL OSO ME RASGA EL PANTALÓN Y ME ARAÑA LA PIERNA.
SUISS
SIENTO UNA ARDENTÍA INSOPORTABLE.
SIN EMBARGO...
SIGO ADELANTE.
PERO EL OSO NO SE DA POR VENCIDO.
GROAAARRRRRRRR

EL PINO SE TAMBALEA...
SE DIRÍA QUE TIENE TANTO MIEDO COMO YO.
CHAC
EL TIEMPO PARECE DETENERSE MIENTRAS CAIGO.
MI MAMÁ ME DIJO UNA VEZ QUE LOS GRIZZLIES NUNCA HABÍAN MATADO A NADIE EN EL PARQUE NACIONAL DE LOS GLACIARES.
PERO ESO ESTÁ A PUNTO DE CAMBIAR...

SOBREVIVÍ

EL ATAQUE DE LOS OSOS GRIZZLIES, 1967

BASADO EN LA NOVELA DE LAUREN TARSHIS,
EN LA LISTA DE LIBROS MÁS VENDIDOS DEL *NEW YORK TIMES*

ADAPTACIÓN DE GEORGIA BALL
CON ARTE DE BERAT PEKMEZCI
COLORES DE LEO TRINIDAD

graphix
UN SELLO EDITORIAL DE
SCHOLASTIC

Dos días antes
DOMINGO, 6 DE AGOSTO DE 1967

Lago McDonald,
Parque Nacional de los Glaciares
Alrededor de las 9:15 p.m.

MEL, ¡TE TENGO UNA PREGUNTA!

¿CUÁL ES?

¿CUÁL ES EL ANIMAL MÁS PELIGROSO...
MÁS ATERRADOR...
Y MÁS FEROZ DE TODOS?
¿AQUÍ EN EL PARQUE?
¡ANJÁ!
EL GRIZZLY.
TODO EL MUNDO LO SABE.

¿QUÉ ANIMAL PUEDE GANARLE AL GRIZZLY?
QUIERO A MI HERMANITO MÁS QUE A NADA EN EL MUNDO...
HUM...
PERO ME VUELVE LOCA CON SUS PREGUNTAS.
¿CREES QUE SEA EL PUMA?
LO DUDO.
¿EL LOBO?
NO CREO.
¿EL COYOTE?
PARA NADA.
¡YA SÉ!
¡EL GLOTÓN!
LOS GLOTONES PARECEN OSITOS, PERO SON FAMILIA DE LAS COMADREJAS.
SON FEROCES, PERO NO CREO QUE PELEEN CON LOS GRIZZLIES.

BUENO...
¿ALGUIEN DIJO GLOTÓN?
UNA VEZ VI A UNO ROBARLE UN VENADO MUERTO A TRES LOBOS.
NO ERA MÁS GRANDE QUE UN ZORRO, ¡PERO NO TENÍA NINGÚN MIEDO!
ABUE, ¿PUEDE UN GLOTÓN GANARLE A UN GRIZZLY?
NO. LOS GRIZZLIES SON MÁS FUERTES. PERO DÉJAME DECIRTE...
¡LOS GLOTONES SON MUY FIEROS!
¡COMO YO! GROARRR. ¡JE JE!

CASI PUEDO FINGIR QUE ESTAS SON OTRAS VACACIONES NORMALES Y FELICES EN EL PARQUE...
PERO NO TIENEN NADA DE NORMAL.
MI PAPÁ REGRESÓ A WISCONSIN.
NO PODÍA FALTAR MÁS AL TRABAJO. Y MI MAMÁ...
MI MAMÁ YA NO ESTÁ.
MURIÓ EL AÑO PASADO EN UN ACCIDENTE.
SIENTO UN GRAN DOLOR EN EL PECHO, COMO SI EL CORAZÓN SE ME FUERA A PARTIR EN DOS.
YA REGRESO.

NO QUIERO QUE NADIE ME VEA LLORAR.
NO QUERÍA VENIR AL PARQUE ESTE AÑO, PERO MI ABUELO Y MI PAPÁ INSISTIERON EN QUE SIGUIÉRAMOS LA TRADICIÓN.
ELLA QUERRÍA QUE FUERAS.
MEL, TE ENCANTA EL PARQUE. CREO QUE TE HARÁ BIEN IR.
PERO NO QUIERO SENTIRME BIEN.
NO ME *MEREZCO* SENTIRME BIEN.
ES CULPA MÍA QUE MI MAMÁ YA NO ESTÉ.

VUELVO A RECORDAR ESE DÍA...
MI AMIGA TERESA ME LLAMÓ PARA INVITARME A DORMIR EN SU CASA.

ROGUÉ Y SUPLIQUÉ, Y CUANDO DEJÓ DE NEVAR...
ESTÁ BIEN. TE LLEVARÉ.

EL CIELO SE HABÍA DESPEJADO.
LA NIEVE PARECÍA BRILLAR.

DESDE QUE ERA PEQUEÑA, MI MAMÁ Y YO TENÍAMOS LA COSTUMBRE...
DE PONERNOS A CANTAR SIEMPRE QUE ESTÁBAMOS SOLAS EN EL AUTO.
REMA, REMA, REMA EL BOTE...
CUANTO MÁS TONTA LA CANCIÓN, MEJOR.
¡SUAVE POR EL RÍO!
FELIZ, FELIZ, FELIZ, FELIZ...
MI MAMÁ DOBLÓ EN UNA CURVA.
CHIIIIC

EL AUTO SE ESTRELLÓ CONTRA UN ÁRBOL POR EL LADO DE MI MAMÁ.
PASÓ EN CUESTIÓN DE SEGUNDOS.
MI PAPÁ SE EQUIVOCÓ.
ESTAR EN EL PARQUE ME ENTRISTECE AÚN MÁS.
TODO AQUÍ ME RECUERDA A MI MAMÁ.
CADA DESTELLO DEL LAGO MCDONALD.
EL CANTO DE LOS PÁJAROS EN LOS PINOS.
CADA BOCANADA DE AIRE.
ESTE ERA NUESTRO LUGAR FAVORITO.
MI ABUELO AYUDÓ A SU PAPÁ A CONSTRUIR LA CABAÑA ANTES DE QUE EL PARQUE NACIONAL DE LOS GLACIARES SE HICIERA FAMOSO, SESENTA AÑOS ATRÁS.
NO TENEMOS NI ELECTRICIDAD NI AGUA CORRIENTE, PERO COMO DECÍA MI MAMÁ...

¿QUIÉN NECESITA UNA CASA LUJOSA CUANDO EL PATIO ES UN MILLÓN DE ACRES DE MONTAÑAS ROCOSAS Y NATURALEZA SALVAJE?
OJALÁ ESTUVIERA DE REGRESO EN WISCONSIN, DONDE PUEDO CERRAR LA PUERTA, APAGAR LA LUZ...
Y OLVIDAR.
¡MEL! ABUE VA A CONTARNOS OTRO CUENTO. ¡VEN!
BIEN. LES VOY A HACER UN CUENTO SOBRE UN ANIMAL QUE ES INCLUSO MÁS TEMIBLE QUE EL GLOTÓN.
AL MENOS PARA MÍ, YA QUE UNO DE ESOS DESPRECIABLES ANIMALITOS ME ATACÓ UNA NOCHE.
¡CUENTA, ABUELO!
NO SÉ...
NO QUIERO ASUSTARLOS.

¡YO SOY VALIENTE! ¡SOY MUY VALIENTE!
ESTÁ BIEN. ¡PERO LUEGO NO DIGAS QUE NO TE LO ADVERTÍ!
"SUCEDIÓ HACE MUCHO TIEMPO. YO TENDRÍA UNOS DIEZ AÑOS".
"CAMINABA DE REGRESO A LA CABAÑA DESPUÉS DE PASAR EL DÍA EN EL LAGO CUANDO ESCUCHÉ UN RUIDO".
CLIC
CLAC
CLIC
CLAC

¿UN CAIMÁN?
LA MAYORÍA DE LOS NIÑOS TIENE OSITOS DE PELUCHE. KEVIN DUERME CON UN CAIMÁN DE PELUCHE QUE LE REGALÓ TÍA CASSIE.
SHHHH...
DEBÍ HABERME DETENIDO O AL MENOS HABER AFLOJADO EL PASO. QUIZÁS DEBÍ TOMAR OTRO SENDERO.
PERO SEGUÍ CAMINANDO Y, DE PRONTO...
¡PAM!
ALGO ME GOLPEÓ LA PANTORRILLA.
NUNCA HE SENTIDO UN DOLOR ASÍ EN MI VIDA, NI ANTES NI DESPUÉS.
"EL ANIMAL ECHÓ A CORRER Y NO PUDE VERLO BIEN".
"CUANDO ME ALUMBRÉ LA PIERNA CON EL FAROL, NO PODÍA CREER LO QUE VEÍA...".
"TENÍA ENTERRADAS DOCENAS DE PÚAS NEGRAS Y BLANCAS EN LA PANTORRILLA".

POR SUPUESTO, ENSEGUIDA SUPE QUÉ CRIATURA ME HABÍA ATACADO.
¿QUÉ FUE?
FUE UN...
MEL, ¿QUIERES DECIRLO TÚ?
MI ABUELO SABE QUE HE ESCUCHADO ESE CUENTO CIENTOS DE VECES.
FUE UN...
¡PUERCOESPÍN!
¿UN PUERCOESPÍN?
ESE NO ES UN ANIMAL QUE DÉ MIEDO.
¿QUIÉN DICE?
TODAS LAS CRIATURAS LE TEME AL PUERCOESPÍN.

"EL PUERCOESPÍN TIENE MÁS DE TREINTA MIL PÚAS EN EL CUERPO".
"LAS PÚAS LO PROTEGEN DE ANIMALES MÁS GRANDES QUE QUIERAN COMÉRSELO".
"SI UN PUERCOESPÍN SE ENOJA O SE SIENTE AMENAZADO, ¡TEN CUIDADO!".
"¡EL PUERCOESPÍN PUEDE ENTERRARLE DOCENAS DE PÚAS A SU ENEMIGO CON SOLO MOVER LA COLA!".
"MI MAMÁ TUVO QUE UTILIZAR UNOS ALICATES PARA SACAR LAS PÚAS. LE LLEVÓ UNAS TRES HORAS".
"ME DESMAYÉ UNA VEZ POR EL DOLOR".

ABUELO, ¡ODIO A ESE PUERCOESPÍN!
¡NO! NO CULPES AL PUERCOESPÍN. SOLO SE ESTABA DEFENDIENDO.
ESE *CLIC, CLAC, CLIC, CLAC,* FUE PARA ADVERTIRME...
"¡ESTOY AQUÍ! ¡POR FAVOR, VETE!".
PERO YO ME CREÍA EL DUEÑO DEL BOSQUE. NO LE TENÍA NINGÚN RESPETO.
MI MAMÁ SIEMPRE ME RECORDABA QUE EL PARQUE LE PERTENECÍA A LOS ANIMALES.
QUE NOSOSTROS SOLO ESTÁBAMOS DE VISITA.
LA ENFURECÍA QUE LA GENTE DEJARA BASURA EN LOS SENDEROS.
¡PERDÓN!
CREO QUE SE LE CAYÓ ALGO...

ABUE, HAZNOS OTRO CUENTO.
CUÉNTANOS SOBRE UN GLOTÓN, O UN LOBO, O UN TIGRE, O UN CAIMÁN...
YA FUE SUFICIENTE POR ESTA NOCHE.
RECUERDA, TU TÍA CASSIE VIENE MAÑANA.
¡YUPI!
TÍA CASSIE ERA LA MEJOR AMIGA DE MI MAMÁ.
EL AÑO PASADO HABRÍA ESTADO CONTANDO LOS MINUTOS HASTA QUE ELLA LLEGARA.
AHORA SOLO ERA UN RECORDATORIO MÁS DE MI MAMÁ.
ABUE, ¡ECHEMOS UNA CARRERA!
MEL, ¿PUEDES APAGAR EL FUEGO ANTES DE ENTRAR?

QUIERO MUCHO A TÍA CASSIE...
PERO NO ME HACE FALTA OTRA RAZÓN PARA LLORAR.
ME OCUPO DE APAGAR EL FUEGO, COMO ME PIDIÓ MI ABUELO.
EN ESTE MOMENTO HAY MÁS DE DIEZ INCENDIOS EN EL NORTE DEL PARQUE.
INCLUSO UNA PEQUEÑA CHISPA PUEDE PROVOCAR UN INCENDIO FORESTAL.
ZISSSSSSS
TENEMOS QUE SER MUY CUIDADOSOS.
CHANC
ASÍ ESTÁ BIEN.

AQUÍ SE VE UN
ILLÓN DE ESTRELLAS
ÁS QUE EN MI CASA.
CIERRO LOS
JOS Y ESCUCHO
LOS SONIDOS
DEL BOSQUE.
HUUUU -HUUUUU
BZZZZZZ
UÉ RARO...
CESÓ
EL RUIDO.
CHAC

ESTÁ DEMASIADO OSCURO PARA PODER VER ALGO...
PERO NO TENGO POR QUÉ SENTIR MIEDO.
AQUÍ NUNCA PASA NADA MALO.
MI ABUELO NI SIQUIERA CIERRA CON SEGURO LA PUERTA DE LA CABAÑA.
GROARRR

¿QUIÉN ESTÁ AHÍ?
¡OH!
ME PARECE IMPOSIBLE... COMO SALIDO DE LA IMAGINACIÓN DE KEVIN...
UN GRIZZLY.

UNA VOZ GRITA EN MI INTERIOR...
"¡CORRE! ¡CORRE! ¡CORRE!".
¡NO! EL OSO DEFINITIVAMENTE ME PERSEGUIRÍA.
MI MAMÁ SOLÍA DECIRME ESO... UNA Y OTRA VEZ.
"LOS ATAQUES DE GRIZZLIES SON MUY RAROS".
"LOS GRIZZLIES NUNCA HAN MATADO A NADIE EN EL PARQUE".
"LA MAYORÍA DE LA GENTE NUNCA VE UNO".
MI MAMÁ QUERÍA QUE ESTUVIESE PREPARADA PARA TODO...
ASÍ QUE VOY A HACER EXACTAMENTE LO QUE ME DIJO.

MANTENGO LA VISTA EN EL SUELO...
Y CAMINO DE ESPALDAS.
LENTAMENTE.
GRORRRR
UFF
UFF
LA CABAÑA ESTÁ A SOLO UNAS YARDAS DE DISTANCIA.
PERO SIENTO QUE ME TOMA HORAS LLEGAR ALLÍ.
PAM

¿MEL?
¿QUÉ PASA?
AFUERA ESTÁ OSCURO...
NO VEO NADA EN EL PORTAL.
EL OSO NO ME SIGUIÓ.

¿MEL?
VI... UN GRIZZLY.
¿DÓNDE?
¡JUSTO AFUERA! SALIÓ DEL BOSQUE, JUNTO AL LAGO, Y...
PENSÉ QUE TAL VEZ ME HABRÍA SEGUIDO.
¿ESTÁS SEGURA?
A LOS GRIZZLIES NO LES INTERESA LA GENTE. TÚ LO SABES.
CLARO, PERO...
¡YO QUIERO VER AL OSO!
¡KEVIN! ¡NO!

¡KEVIN!
PAM
ESE OSO NO ESTÁ BIEN.
MIREN LO FLACO QUE ESTÁ.
SNIF
SNIF

ABUE TIENE RAZÓN.
TOC TOC TOC TOC
¡HOLA, OSO! ¡HOLA, OSO!
KEVIN, ¡NO!

CRAS
UN TROZO DE VIDRIO SE ME ENTIERRA EN EL BRAZO...
SNIF
PUFF
PUFF
PERO APENAS SIENTO EL DOLOR.
GRRRRRR
GROARR
EL ALIENTO CALIENTE DEL OSO ME PENETRA POR LA NARIZ.
HUELE A CARNE PODRIDA Y A VÓMITO.
¡¡VETE DE AQUÍ!!

SNIF
HUMMM
PUM

PUM
ÑIIIIIIC
CRAC
PUUM
PUUM
ÑIIIIIIIIC
OÍMOS UN RUIDO ESCALOFRIANTE ENTRE GOLPE Y GOLPE...
CRICH
CRICH
LAS GARRAS DEL OSO ARAÑANDO LA MADERA.
PUM
CRAS
¿QUÉ PASARÍA SI LOGRA ENTRAR A LA CABAÑA?

BUSCO ALGO CON LO QUE DEFENDERNOS, PERO NO TIENE CASO.
INCLUSO SI TUVIÉRAMOS UN RIFLE, NUNCA SE SABE SI LAS BALAS DETENDRÁN AL OSO A TIEMPO.
TALÁN
TALÁN
TALÁN
TALÁN
SE FUE.

UNA HORA DESPUÉS TODAVÍA SE SIENTE LA PESTE DEL OSO.
¿QUÉ HACEMOS AHORA?
AVISAR A LOS GUARDABOSQUES.
¿Y ELLOS QUÉ HARÁN?
LA ESTACIÓN ESTÁ CERRADA AHORA, PERO IRÉ MAÑANA A PRIMERA HORA.
TENDRÁN QUE ATRAPAR AL OSO.
LO LLEVARÁN A LAS MONTAÑAS, BIEN LEJOS DE TODO.

"LOS GUARDABOSQUES TIENEN UN REMOLQUE ESPECIAL PARA ATRAPAR OSOS".
"LO ESTACIONAN EN EL LUGAR DONDE EL OSO FUE VISTO POR ÚLTIMA VEZ Y LE PONEN CARNE DE CIERVO O ALCE PARA QUE SE ACERQUE".
"CUANDO EL OSO SE METE DENTRO DEL REMOLQUE A COMER...".
¡PAM! CIERRAN LA PUERTA.
"LOS GUARDABOSQUES LLEVAN EL REMOLQUE HASTA UN LUGAR REMOTO Y LIBERAN AL OSO...".
"LEJOS DE LOS CAMPAMENTOS Y DE LOS SENDEROS".
¿Y SI EL OSO VUELVE?
NO VOLVERÁ.
NO PARECÍA ESTAR MUY SEGURO.

¿KEVIN?
SOLLOZO
MEL, ¡LO SIENTO! ¡HICE *ENOJAR* AL OSO!
AY, KEVIN...
NO FUE TU CULPA.
TRATO DE SONAR CALMADA, COMO HACÍA MI MAMÁ CUANDO NOS ASUSTÁBAMOS.
SHHHHHH... NO HICISTE NADA MALO.
FUERON MUCHAS LAS VECES QUE EL TONO D VOZ SERENO DE MI MAM NOS HIZO SENTIR MEJO

LA VEZ QUE VIMOS MURCIÉLAGOS CERCA DEL RETRETE...
¡Y OTRA VEZ QUE DESCUBRIMOS UN MAPACHE ENORME EN LA CABAÑA!
ZISSSS
VAYA, ¡BUENOS DÍAS! ¿QUÉ TAL?
HACÍA QUE NOS SINTIÉRAMOS DICHOSOS POR VER UN ANIMAL SALVAJE.
PERO NO SE HABRÍA SENTIDO DICHOSA ESTA NOCHE. EL OSO NOS ATERRORIZÓ A TODOS...
INCLUSO A MI ABUELO.

DE HECHO, ME ALEGRA QUE KEVIN QUIERA QUE DUERMA CON ÉL ESTA NOCHE.
ESCUCHO A MI ABUELO ANDAR POR LA CABAÑA.
NO SE ME VA DE LA CABEZA EL RECUERDO DEL OSO TRATANDO DE ENTRAR.
Y NO HALLO UNA EXPLICACIÓN.
LOS GRIZZLIES NO ACTÚAN ASÍ.
NI HUELEN ASÍ.
AL MENOS NINGUNO DEL QUE HAYA OÍDO HABLAR.

SOLO HABÍA VISTO UN GRIZZLY EN OTRA OCASIÓN HACE DOS VERANOS.
MI MAMÁ Y YO ANDÁBAMOS POR UNO DE NUESTROS SENDEROS FAVORITOS.
HABLÁBAMOS, REÍAMOS Y CANTÁBAMOS.
SI ERES FELIZ, ¡APLAUDE ASÍ!
CLAP CLAP
HACER MUCHO RUIDO ERA LA REGLA #1 CUANDO ANDÁBAMOS POR TERRITORIO DE OSOS.
MEL, ¡MIRA!

INCLUSO A DIEZ PIES DE DISTANCIA SABÍAMOS QUE ERA UN GRIZZLY POR LA JOROBA ENTRE LOS HOMBROS.
ESO ES LO QUE LO DIFERENCIA DEL OSO NEGRO.
LOS GRIZZLIES SON MÁS AGRESIVOS Y FUERTES QUE LOS OSOS NEGROS.
PERO MUY RARA VEZ ATACAN.
LO HACEN SOLO CUANDO SE SIENTEN SORPRENDIDOS O AMENAZADOS.
Y ESTE OSO SE SORPRENDERÍA MUCHO Y SE SENTIRÍA AMENAZADO...
SI SE DESPERTARA Y NOS VIERA ALLÍ.
¿POR QUÉ NO NOS HA OÍDO?
MEL...
ESE OSO ESTÁ MUERTO.
"VAYAMOS A VERLO".

EL OSO ERA ENORME.
OBSERVÉ SUS OREJAS REDONDEADAS...
LA NARIZ NEGRA Y BRILLANTE...
SU GRAN HOCICO.
¿VES ESOS ABULTAMIENTOS A LOS LADOS DE LA CABEZA?
SON LOS MÚSCULOS QUE LES PERMITEN MORDER TAN FUERTE QUE PUEDEN ROMPER EL METAL.
SE VE QUE ERA MUY VIEJO POR LOS DIENTES.
¿VES COMO LOS TIENE DESGASTADOS Y ASTILLADOS?
QUÉ CRIATURA TAN MAGNÍFICA.
MI MAMÁ HABLABA BAJITO, COMO SI ESTUVIÉRAMOS EN UN MUSEO DE ARTE...
O EN LA IGLESIA.
ME AGACHÉ PARA TOCAR EL PELAJE DEL OSO.
Y MI MANO PRÁCTICAMENTE SE SUMERGIÓ.
PERO LO QUE MÁS ME SORPRENDIÓ FUERON LAS PATAS.
UN GOLPE DE ESAS PATAS PODRÍA DEJAR INCONSCIENTE A UN ALCE.
PARECÍAN GUANTES DE BÉISBOL CON GARRAS LARGAS Y CURVADAS.

RECOGIMOS RAMAS Y CUBRIMOS CON ELLAS EL CUERPO DEL OSO.
NUNCA OLVIDAREMOS ESTE DÍA.
LUEGO DIJIMOS UNA ORACIÓN CORTA Y LO DEJAMOS ALLÍ EN MEDIO DE LA NATURALEZA.
MI MAMÁ TENÍA RAZÓN. RECUERDO CADA DETALLE.
AQUEL GRIZZLY NO PARECÍA UNA BESTIA FEROZ.
ERA TAN HERMOSO COMO UNO DE LOS LAGOS O CASCADAS DEL PARQUE...
NADA QUE VER CON EL MONSTRUO QUE VIMOS ESTA NOCHE.

A la mañana siguiente...
¡MEL, MIRA!
¡ME DIBUJÉ JUNTO A UN GLOTÓN GOLPEANDO AL OSO DE ANOCHE!
DE ALGUNA MANERA KEVIN TRANSFORMÓ EL TERROR VIVIDO ANOCHE EN UNA AVENTURA EMOCIONANTE.
OJALÁ PUDIERA VOLVER A SER UNA NIÑA.

¿QUIEREN HUEVOS?
MI ABUELO SE VE CANSADO.
DUDO QUE HAYA PEGADO UN OJO EN TODA LA NOCHE.
TOC TOC TOC
¡HOLA!
¡ADELANTE!

¡TÍA CASSIE!
SIENTO UN NUDO EN LA GARGANTA.
LA ÚLTIMA VEZ QUE VI A TÍA CASSIE FUE EN EL FUNERAL DE MI MAMÁ.
DESDE ENTONCES ME HA ESCRITO DIEZ CARTAS.
PERO NUNCA LE HE CONTESTADO.
ME SIENTO TAN AVERGONZADA QUE NO PUEDO MIRARLA A LOS OJOS.
¡TE EXTRAÑÉ!

AUNQUE ELLA NO ESTÁ MOLESTA.
QUIZÁS UN POCO TRISTE..
LA MANERA EN QUE NOS MIRAMOS DICE MÁS DE LO QUE PODRÍAN DECIR CIEN CARTAS.
BUENO...
¿QUIÉN QUIERE DECIRME QUÉ PASÓ AQUÍ?

¡NOS VISITÓ UN GRIZZLY!
QUERÍA COMERME, PERO ¡NO DEJÉ QUE LO HICIERA!
LO CREAS O NO, ESO FUE EXACTAMENTE LO QUE PASÓ.
LE CONTAMOS LO SUCEDIDO.
TÍA CASSIE NO SALE DEL ASOMBRO.
¡NUNCA HABÍA OÍDO HABLAR DE UN GRIZZLY QUE ACTUARA ASÍ!
TÍA CASSIE CONOCE A LOS GRIZZLIES TAN BIEN COMO NOSOTROS. SE HA PASADO TODA LA VIDA VISITANDO EL PARQUE.

ELLA Y MI MAMÁ SE CONOCIERON EN EL LAGO MCDONALD CUANDO ERAN NIÑAS.
AMBAS ME CONTARON MUCHAS AVENTURAS QUE VIVIERON JUNTAS.
A MI MAMÁ SIEMPRE SE LE OCURRÍAN LAS IDEAS MÁS ALOCADAS.
A VECES ANDABAN TODO EL DÍA EN BUSCA DE UNA CASCADA SECRETA O UN LUGAR DONDE PESCAR.
OTRAS VECES SE PERDÍAN Y VOLVÍAN A CASA LLENAS DE TIERRA Y ARAÑAZOS.
PERO DECÍAN QUE ESO ERA PARTE DE LA DIVERSIÓN.
AHORA TÍA CASSIE VIVE EN CHICAGO.
ESCRIBE PARA LAS REVISTAS, E INCLUSO HA GANADO ALGUNOS PREMIOS.

ESTAR CERCA DE ELLA DE NUEVO HACE QUE ME SIENTA MÁS TRANQUILA.
ESE OSO PARECÍA UN MONSTRUO.
ASÍ ES.
DEBE DE PASARLE ALGO MALO.
¿QUÉ DIJERON LOS GUARDABOSQUES?
NADA TODAVÍA.
PASÉ POR LA ESTACIÓN ESTA MAÑANA TEMPRANO, PERO NO HABÍA NADIE.
DEBEN DE ESTAR OCUPADOS CON LOS INCENDIOS. PIENSO VOLVER MÁS TARDE.
PRIMERO QUIERO IR AL PUEBLO A COMPRAR UNA CERRADURA PARA LA PUERTA.
PARA ESTAR TRANQUILO.
¿QUÉ TAL SI TÍA CASSIE Y YO VAMOS A LA ESTACIÓN DE GUARDABOSQUES?
ME PARECE BIEN. TENGO CURIOSIDAD POR SABER QUÉ DIRÁN.

BUENO.
ARRIBA, CHICO GLOTÓN...
NOS VAMOS AL PUEBLO.
¡A COMER HELADO!
¿ESTÁS LISTA, MEL?
ANJÁ.
PARECE QUE UN MANÍACO CON UN HACHA TRATÓ DE HACER PEDAZOS LA PUERTA.
EN EL PORTAL QUEDÓ UN MECHÓN DEL PELO DEL OSO.
HACE CALOR, PERO SIENTO UN ESCALOFRÍO.
BRRR

EZ MINUTOS DESPUÉS ESTAMOS EN LA ESTACIÓN DE GUARDABOSQUES DEL LAGO MCDONALD.
HAGAMOS LA FILA.
SON VEINTICINCO CENTAVOS.
¡GRACIAS!
TÍA CASSIE ME DA UN EMPUJONCITO.
¿EN QUÉ PUEDO AYUDARLA, JOVENCITA?

SIENTO COMO SI UN MAESTRO ACABARA DE PEDIRME QUE CONTESTE UNA PREGUNTA.
ME... ME ESTOY QUEDANDO EN UNA DE LAS CABAÑAS DEL LAGO...
ANOCHE UN GRIZZLY SALIÓ DEL BOSQUE Y ME PERSIGUIÓ HASTA LA CABAÑA...
SE METIÓ AL PORTAL, ROMPIÓ LA VENTANA Y TRATÓ DE ROMPER LA PUERTA Y...
DÉJAME ADIVINAR.
¿UN OSO FLACO? ¿MARRÓN CLARO? ¿CON GARRAS LARGAS?
ASÍ ES. ¿CÓMO LO SABE?

LO LLAMAMOS "LA VIEJA FLACA".
LA GENTE SE HA ESTADO QUEJANDO DE ESA OSA TODO EL VERANO.
HA CAUSADO MUCHOS PROBLEMAS. ASALTA CAMPAMENTOS, ROBA COMIDA, SACA LA BASURA DE LOS CONTENEDORES.
PERO ES INOFENSIVA.
¡¿ACASO NO OYÓ NADA DE LO QUE DIJE?!
¿INOFENSIVA?
¡ESA OSA CASI ARRANCA LA PUERTA DE SU LUGAR!
¡Y ESTUVO A PUNTO DE *DESTROZAR* A MI HERMANITO!

NO QUIERO SER GROSERA, PERO NECESITO QUE EL GUARDABOSQUES ME PRESTE ATENCIÓN.
ESA VIEJA FLACA ES MUY TRAVIESA.
HACE UNOS DÍAS PERSIGUIÓ A UN PAR DE CHICOS EN EL CAMPAMENTO DE TROUT LAKE.
"LES DESTROZÓ LA TIENDA, MORDISQUEÓ UNAS LATAS DE COMIDA... SE COMIÓ UN PAQUETE DE SALCHICHAS DE UN SOLO BOCADO. ¡JA!".
DISCULPE...
NO SÉ QUÉ LE PARECE TAN GRACIOSO.
SEÑORITA, NO HAY NADA QUE PUEDA HACER. SOLO SOY UN VOLUNTARIO.
LA MAYORÍA DE LOS GUARDABOSQUES ESTÁ LIDIANDO CON LOS INCENDIOS.
NIÑA, SIENTO QUE TE HAYAS ASUSTADO.
PERO NO TE PREOCUPES POR ESA OSA.

ESTOY BASTANTE SEGURA
E QUE *DEBO* PREOCUPARME.
¿AL MENOS PUEDE DECIRNOS POR QUÉ ACTUABA ASÍ? ¿QUÉ HACEMOS LA PRÓXIMA VEZ?
NO ESTABA ALLÍ, PERO POR LAS OTRAS HISTORIAS, PARECE QUE ESTÁ UN POCO... LOCA.
COMO DIJE...
"YO NO ME PREOCUPARÍA".
¡ESPEREN!
TIENEN RAZÓN SOBRE ESA OSA.
ES PELIGROSA, MUY PELIGROSA.
Y NO SOLO ELLA. CREO QUE HAY UN GRAN PROBLEMA EN EL PARQUE.
SI NO SE HACE ALGO PRONTO...
ALGUIEN PODRÍA MORIR.
¿POR QUÉ NO NOS ACOMPAÑAS A ALMORZAR?

COMPRAMOS EL ALMUERZO EN LA CAFETERÍA DEL MOTEL DEL LAGO MCDONALD.
ME LLAMO STEPHEN WEISS Y TRABAJO EN LA UNIVERSIDAD DE MONTANA.

SOY CIENTÍFICO Y ESTOY ESTUDIANDO A LOS GRIZZLIES.

MEL, ME GUSTARÍA SABERLO TODO SOBRE ESA OSA QUE TE PERSIGUIÓ ANOCHE.

HAGO A UN LADO LA HAMBURGUESA Y AGARRO LA CAJA DE FRITURAS.
CORNETAS
MERIENDA
LAS CORNETAS DE MAÍZ CRUJIENTES ESTÁN DE MODA.
TODOS LOS NIÑOS DE LA ESCUELA LAS ADORAN.
A VER... ¿CUÁNDO VISTE A LA OSA POR PRIMERA VEZ?
LE CUENTO COMO LA OSA SALIÓ DEL BOSQUE DE PRONTO Y ACABÓ EN EL PORTAL.
HICISTE LO CORRECTO.
MANTUVISTE LA CALMA. NO CREO QUE ESA OSA FUERA A ATACARTE.

PERO LA FORMA EN QUE SE PARÓ EN DOS PATAS...
EN REALIDAD ESA NO SUELE SER UNA POSTURA AGRESIVA.
LOS OSOS SE PARAN SOBRE LAS PATAS TRASERAS PARA VER MEJOR.
PERO SI HUBIERAS CORRIDO O SI SE HUBIERA METIDO EN LA CABAÑA...
NO SÉ.
LOS GRIZZLIES SON IMPREDECIBLES. CREO QUE TUVISTE SUERTE.
¿CUÁN LARGAS ERAN LAS GARRAS?
¡MUCHO MÁS LARGAS QUE ESTAS!
ESO TIENE SENTIDO. LOS OSOS USAN LAS GARRAS PARA CAVAR EN BUSCA DE RAÍCES Y ANIMALES PEQUEÑOS.
PARECE QUE ESA OSA NO ESTÁ CAVANDO MUCHO.
DURANTE TODO EL VERANO, SE HA REPORTADO UN NÚMERO INUSUALMENTE ALTO DE OSOS AGRESIVOS.
NO ERES LA ÚNICA QUE HA TENIDO UNA EXPERIENCIA ATERRADORA.

PERO ¿POR QUÉ LOS OSOS ESTÁN ACTUANDO ASÍ?
¿POR LOS INCENDIOS?
NO. LOS INCENDIOS HAN EXISTIDO DESDE ANTES DE QUE ESTE LUGAR FUERA UN PARQUE.
ESTA ES LA RAZÓN POR LA QUE LOS OSOS AMENAZAN A LOS HUMANOS.
HUM... ¿SE QUIEREN COMER LAS HAMBURGUESAS?
NO PRECISAMENTE.
EL PROBLEMA ESTÁ EN LA BASURA. HAY POR TODAS PARTES: EN LOS SENDEROS, EN LOS CAMPAMENTOS, EN LAS ZANJAS...
Lay's
LA BASURA SE ESTÁ CONVIRTIENDO EN UN PROBLEMA CADA VEZ MAYOR.
LOS OSOS SE LA COMEN, COMO HACEN CON TODO ALIMENTO QUE ENCUENTREN EN LOS CAMPAMENTOS.
ALGUNOS INCLUSO ESTÁN CAZANDO MENOS Y COMIENDO MENOS BAYAS Y PLANTAS.

COMO PARTE DE MI INVESTIGACIÓN, ESTUDIO LAS HECES DE LOS OSOS.
TRATO DE NO REÍR...
HECES ES OTRA PALABRA QUE SE USA PARA REFERIRSE A LA CACA.
"HE ENCONTRADO HECES CON TROZOS DE VIDRIO, METAL Y PLÁSTICO".
"EL MES PASADO LOS GUARDABOSQUES HALLARON UN OSO MUERTO CERCA DE UN BASURERO".
TENÍA PEDAZOS DE VIDRIO INCRUSTADOS ENTRE LOS DIENTES... TIENE QUE HABER SENTIDO DOLOR AL COMER. O TAL VEZ COMIÓ ALGO VENENOSO.
¡QUÉ HORRIBLE!
ALGUNOS GRIZZLIES ESTÁN SUFRIENDO Y SE ESTÁN VOLVIENDO MÁS PELIGROSOS.
PARA ELLOS SOMOS UNA FUENTE DE ALIMENTO.
¿ES ESA LA RAZÓN POR LA QUE LA OSA ME PERSIGUIÓ? ¿BUSCABA COMIDA?
ESTOY SEGURO. UNA VEZ QUE SE ACERCÓ A LA CABAÑA, OLIÓ LA COMIDA QUE HABÍA DENTRO.
EL SENTIDO DEL OLFATO DE UN OSO ES MÁS POTENTE QUE EL DE UN PERRO.

POR ESO ESA OSA SE PUSO TAN AGRESIVA. HARÍA CUALQUIER COSA PARA CONSEGUIR COMIDA.
MI MAMÁ ME DIJO UNA VEZ QUE HAY CIENTOS DE GRIZZLIES EN EL PARQUE.
¿Y SI TODOS EMPIEZAN A PERSEGUIR A LA GENTE?
¿VOLVEREMOS A SENTIRNOS SEGUROS ALGUNA VEZ?
¡POR ESO HAY QUE LIMPIAR EL PARQUE!
CORNETAS
SÍ, PERO ESO NO ES TODO. ¿HAN OÍDO HABLAR DEL CHALET DE GRANITE PARK?
CLARO.
ESE ES EL ALBERGUE DE LOS QUE HACEN SENDERISMO EN LAS MONTAÑAS, ¿NO ES CIERTO?
¿HAY MUCHA BASURA POR ALLÍ?
CORNETAS

POR LO QUE HE OÍDO, LA SITUACIÓN ES PEOR.
HE ESCUCHADO RUMORES MUY RAROS... AUNQUE NO SÉ SI DEBA CREERLOS.
SOLO SÉ QUE ALGO MALO ESTÁ PASANDO CON LOS OSOS ALLÁ ARRIBA, Y QUIERO AVERIGUARLO POR MÍ MISMO.
¡DEBERÍAMOS IR TAMBIÉN!
MEL, ES UNA LARGA CAMINATA.
OCHO MILLAS DE IDA Y VUELTA. PIENSO PASAR LA NOCHE ALLÍ.
SI QUIEREN PUEDEN VENIR CONMIGO.
¿EN SERIO QUIERES IR?
EL CORAZÓN ME LATE RÁPIDAMENTE.
NUNCA HE HECHO UNA CAMINATA TAN LARGA.
PERO ESO NO ES LO QUE ME PREOCUPA.
¿Y SI NOS ENCONTRAMOS CON LA VIEJA FLACA O CON OTRO GRIZZLY EN EL CAMINO?
POR OTRA PARTE...

QUIERO SABER LO QUE SEA QUE ESTÉ PASANDO EN EL CHALET DE GRANITE PARK.
MUY BIEN IREMOS.
EL CONTENEDOR DE BASURA YA ESTÁ DESBORDADO.
HAY BASURA POR TODAS PARTES.
NOS TOMARÍA HORAS LIMPIAR SOLO ESTA PEQUEÑA ZONA.
AHORA COMPRENDO. EL PROBLEMA NO SON LOS OSOS.
ES LA GENTE.

Martes, 8 de agosto
¡MIREN!
¿QUÉ CLASE DE COLIBRÍ ES ESE?
¿UN CALÍOPE?
MI MAMÁ TENÍA UN LIBRO CON FOTOS DE TODOS LOS PÁJAROS DEL PARQUE. LLEVÁBAMOS UNA LISTA DE LOS QUE VEÍAMOS.
CREO QUE ES UN RUFO.
TIENES RAZÓN. ¡QUÉ BUEN OJO!

EL CHALET DE GRANITE PARK SE ENCUENTRA EN LA PARTE MÁS REMOTA DEL PARQUE, LEJOS DE LA CARRETERA.
CADA CIERTO TIEMPO STEVE LES AVISA A LOS OSOS QUE ESTAMOS ALLÍ.
CLAP CLAP CLAP
¡OSO, ESTAMOS AQUÍ! ¡HOLA, OSO!
LAS BOTAS ME QUEDAN PEQUEÑAS Y ME DUELEN LOS DEDOS DE LOS PIES.
Y TENGO LA CAMISETA PEGADA A LA ESPALDA POR EL SUDOR. PERO EL CAMINO ES TAN BONITO...
QUE NO ME QUEJO.

A MI ABUELO NO LE GUSTÓ LA IDEA DE QUE VINIÉRAMOS A UN LUGAR DONDE SEGÚN STEVE HAY GRIZZLIES...
PERO TÍA CASSIE LO CONVENCIÓ DE QUE ESTARÍAMOS BIEN.
STEVE TIENE UNA CICATRIZ EN LA PANTORRILLA DERECHA.
ME PREGUNTO CÓMO SE LA HABRÁ HECHO.
EL GRIZZLY ES UN SÚPER DEPREDADOR.
CLAP
CLAP
CLAP
ESO QUIERE DECIR QUE PUEDE CAZAR CUALQUIER ANIMAL, Y NINGUNO SE METE CON ÉL.
SI KEVIN ESTUVIESE AQUÍ HARÍA UN MILLÓN DE PREGUNTAS.
CAZAN ALCES Y CIERVOS.
"EN ALASKA, LOS GRIZZLIES COMEN MUCHO SALMÓN".
"PESCAN LOS PECES CON LA BOCA".

PERO AQUÍ SE ALIMENTAN PRINCIPALMENTE DE PLANTAS, COMO LAS BAYAS.
PIENSO EN LAS DULCES Y JUGOSAS BAYAS QUE CRECEN SILVESTRES A LO LARGO DE LOS SENDEROS.
Y SE ME HACE LA BOCA AGUA.
TAMBIÉN LES GUSTAN LAS MARMOTAS.
CLAP CLAP CLAP
LAS MARMOTAS SON UNOS LINDOS ROEDORES QUE VIVEN BAJO TIERRA.
A VECES ASOMAN SUS CABEZAS PELUDAS FUERA DE LA MADRIGUERA Y SILBAN.
YO TAMBIÉN TENGO HAMBRE. ME COMERÍA UNA BUENA Y JUGOSA... ¡MARMOTA!
JA JA JA JA JA JA
QUIZÁS DEBERÍAMOS PARAR PARA COMER.

MI ABUELO NOS PREPARÓ SÁNDWICHES DE CARNE ASADA.
PERO STEVE SOLO TRAJO UN FRASCO DE MANTEQUILLA DE MANÍ.
NO TENGO MUCHA HAMBRE.
BUENO, SI NO LO QUIERES...
¿CUÁNDO COMENZASTE A INTERESARTE POR LOS GRIZZLIES?
SIEMPRE ME HAN FASCINADO.
¿POR QUÉ?
¿A QUIÉN NO?
LOS GRIZZLIES SON FUERTES, INTELIGENTES Y CURIOSOS.
DE HECHO, SE PARECEN MUCHO A LOS SERES HUMANOS.

TEVE ME RECUERDA A MI MAMÁ.
ELLA PONÍA LA MISMA CARA CUANDO HABLABA DE ANIMALES SALVAJES.
¿CÓMO TE HICISTE ESA CICATRIZ?
AL VER LA EXPRESIÓN QUE PONE, ME ARREPIENTO DE HABER HABLADO.
LO SIENTO, YO...
NO, ES QUE...
BUENO, ES UNA DE ESAS HISTORIAS TRISTES.
TODOS LAS TENEMOS.
ESTOY SEGURA DE QUE STEVE NO QUIERE HABLAR DEL ASUNTO, PERO...
CRECÍ A CIEN MILLAS AL NORTE DE AQUÍ.

"EN CANADÁ. MI PAPÁ Y YO SOLÍAMOS PASAR MUCHO TIEMPO EN EL BOSQUE".
"UN DÍA, CUANDO TENÍA TRECE AÑOS, MI PAPÁ Y YO ÍBAMOS CAMINO A PESCAR A NUESTRO LUGAR FAVORITO CUANDO NOS ENCONTRAMOS A UNA MAMÁ OSA CON SUS CACHORROS".
AY, UNA MAMÁ OSA.
HE OÍDO CUENTOS HORRIPILANTES SOBRE PERSONAS QUE HAN SIDO ATACADAS DESPIADAMENTE POR MAMÁS OSAS.

"LA MAMÁ OSA ATACÓ PRIMERO A MI PAPÁ. LO GOLPEÓ CON LA PATA".
"FUE COMO SI LO HUBIERA GOLPEADO CON UN MAZO".
"AL CAER SE GOLPEÓ LA CABEZA CONTRA UNA PIEDRA".
"ENTONCES LA OSA SE VOLVIÓ HACIA MÍ".

NO HAY FORMA DE SABER LO QUE HARÁ UN GRIZZLY CUANDO VE A UNA PERSONA.
ES RARO QUE ATAQUE. PUEDE HACER RUIDO, GRUÑIR O PONERSE A *RESOPLAR*.
PUEDE QUE SE PARE EN DOS PATAS PARA VER MEJOR.
O PUEDE SIMPLEMENTE AMAGAR...
¿QUÉ ES ESO?
ES CUANDO TE EMBISTE Y DE PRONTO SE PARA EN SECO. SOLO LO HACE PARA ASUSTARTE.
APUESTO A QUE FUNCIONA.
ES EN ESE MOMENTO CUANDO LA MAYORÍA DE LA GENTE HUYE, LO CUAL ES UN ERROR.
NUNCA DEBES INTENTAR HUIR DE UN GRIZZLY.
SALVO QUE HAYA UN ÁRBOL CERCA, PERO ASÍ Y TODO ES ARRIESGADO.
ALGUNOS GRIZZLIES TREPAN.

¿QUÉ DEBE HACER UNA PERSONA SI SE ENCUENTRA CON UN OSO Y CREE QUE ESTE LA VA A ATACAR?
TIRARSE AL SUELO Y HACERSE EL MUERTO.
"ESO FUE LO QUE HICE".
"LA OSA ME EMBISTIÓ, Y ME DI CUENTA DE QUE IBA EN SERIO".
"SE MANTUVO EN SILENCIO, CON LAS OREJAS HACIA ATRÁS".
NO ESTABA TRATANDO DE ASUSTARME.
PENSABA QUE ERA UNA AMENAZA PARA SUS CACHORROS, Y ESTABA DECIDIDA A ELIMINARME.
"ME LANCÉ BOCA ABAJO Y ME QUEDÉ QUIETO EN EL SUELO".
"ME PUSE LAS MANOS DETRÁS DEL CUELLO PARA PROTEGERME".

"LA OSA ME RASGÓ LA ESPALDA CON LAS GARRAS".
"POR SUERTE TENÍA LA MOCHILA...".
"ME PROTEGIÓ LA COLUMNA VERTEBRAL DE SU MORDIDA".
"ME QUEDÉ QUIETO MIENTRAS ME MORDÍA Y ME ARAÑABA".
"CLAVÉ LOS PIES EN LA TIERRA PARA QUE NO PUDIERA VOLTEARME".
"TODO TERMINÓ EN MENOS DE UN MINUTO".
"ESPERÉ A QUE LA OSA Y LOS CACHORROS SE FUERAN PARA ALZAR LA VISTA".
"ESTABA MALHERIDO".
"LO PEOR ERA LA PIERNA...".
"ME LA DESGARRÓ".

Y MI PAPÁ...
"NO FUE LA OSA QUIEN LO MATÓ".
"FUE EL GOLPE QUE SE DIO CONTRA LA PIEDRA".
AY, STEVE...
PASÓ ALGO MÁS...
ALGO CASI TAN TERRIBLE PARA MÍ COMO PERDER A MI PAPÁ.

"LOS HOMBRES DEL PUEBLO FUERON AL BOSQUE".
"MATARON A LA MAMÁ OSA".
"Y A SUS CACHORROS".
ESO ERA LO ÚLTIMO QUE MI PAPÁ HUBIERA QUERIDO.
"ÉL AMABA LA NATURALEZA".
"SABÍA QUE LA OSA ESTABA PROTEGIENDO A SUS CACHORROS".
"HABÍA HUELLAS POR TODAS PARTES. TENÍAMOS QUE HABERNOS ALEJADO".
MI PAPÁ NO HABRÍA MUERTO ESE DÍA.
Y ESOS OSOS TAMPOCO.

SIENTO HABERTE PREGUNTADO QUÉ TE PASÓ.
¡NO DIGAS ESO!
YO NO ESTABA OBLIGADO A CONTARLO. A VECES ES BUENO PARA MÍ HABLAR DE ESO.
NO ES BUENO CALLARSE LAS COSAS.
BUENO.
FALTA UNA MILLA. GUARDEMOS LA BASURA EN LOS BOLSILLOS.
¡OSO, ESTAMOS AQUÍ! ¡HOLA, OSO!
CLAP CLAP CLAP
UN ESCALOFRÍO ME RECORRE LA ESPALDA, A PESAR DEL CALOR.
NO SÉ QUIÉN... O QUÉ... ESTÁ ESCUCHANDO.

LA ÚLTIMA MILLA ES UNA TORTURA.
NOS PARECE QUE NUNCA LLEGAREMOS A LA CIMA.
PERO DE PRONTO...
ALLÍ ESTÁ...
EL CHALET DE GRANITE PARK.
¡QUÉ HERMOSO!

EL VESTÍBULO ESTÁ LLENO DE EXCURSIONISTAS CANSADOS PERO FELICES.
¡BIENVENIDOS!
SOY GREG. EL ADMINISTRADOR.
TÓMENSE UN REFRESCO FRÍO.
¡GRACIAS!
¡LES MOSTRARÉ SUS HABITACIONES!
STEVE DORMIRÁ EN EL CUARTO DE AL LADO.
NUESTRA HABITACIÓN ES PEQUEÑA, PERO TIENE MUCHA LUZ Y ESTÁ LIMPIA.

¡MEL!
¡POBRES DEDITOS!
¡MENOS MAL QUE LOS TENGO DORMIDOS!
ERES FUERTE.
LA NIEVE NUNCA SE DERRITE AQUÍ ARRIBA, NI SIQUIERA EN VERANO.

ESE ES EL PICO HEAVENS.
LO SÉ...
MI MAMÁ ME LO DIJO.
CASI PUEDO IMAGINAR QUE ES MI MAMÁ QUIÉN ESTA PARADA AQUÍ CONMIGO.
Y DE NUEVO SIENTO UN DOLOR COMO SI SE ME FUERA A PARTIR EL CORAZÓN...
YA VUELVO...
NECESITO USAR EL RETRETE.

SOLO QUIERO ESTAR SOLA POR UNOS MINUTOS...
HASTA QUE SE ME PASE LA TRISTEZA...
¡VAYA! ESA CAMINATA FUE AGOTADORA.
CREO QUE SE ME VAN A CAER LOS PIES.
PERO NO TE ARREPENTIRÁS DE HABER VENIDO.
NO DESPUÉS DE ESTA NOCHE.
NO ENTIENDO...
¿CÓMO LOGRAN QUE LOS OSOS VENGAN TODAS LAS NOCHES?

YA TE DIJE. TIRAN LAS SOBRAS EN UNA ZANJA COLINA ABAJO.
LOS OSOS VIENEN TODAS LAS NOCHES. LOS PUEDES VER DESDE LA TERRAZA.
QUÉ ESPECTÁCULO.
¡ESPERA A QUE LO VEAS! CON SUERTE LOS VEREMOS PELEAR.
LA ÚLTIMA VEZ QUE VINE HABÍA DOS OSOS INMENSOS PELEANDO POR UN HUESO DE JAMÓN O ALGO POR EL ESTILO.
NO PARABAN DE GOLPEARSE... *¡BAM! ¡BAM!*
EL MÁS GRANDE MACHACABA AL MÁS PEQUEÑO.
JA JA JA
JA JA
JA JA
PENSÉ QUE LE IBA A ARRANCAR LA CABEZA.
QUIERO DECIRLES A ESOS TIPOS QUE ES REPUGNANTE VER A LOS OSOS PELEARSE POR LA BASURA...
JA JA
JA JA JA
JA JA
JA
PERO ME FALTAN AGALLAS.

¡AHÍ ESTÁS!
STEVE, TENÍAS RAZÓN...
¡ALGO HORRIBLE PASA AQUÍ! LES ESTÁN...
TRATO DE RECUPERAR EL ALIENTO.
¡LES ESTÁN DANDO DE COMER *BASURA* A LOS OSOS!
¡¿QUÉ?!

LES CUENTO LO QUE DIJERON ESOS TIPOS.
¿FUE PARA ESO QUE TODA ESTA GENTE CAMINÓ OCHO MILLAS HASTA AQUÍ?
¿PARA VER PELEAR A LOS OSOS?
ESOS FUERON LOS RUMORES QUE ESCUCHÉ.
TENÍA LA ESPERANZA DE QUE NO FUERAN CIERTOS.
BUENO, TENEMOS QUE HACER ALGO PARA EVITARLO.
TÚ *PUEDES* HACER ALGO, TÍA CASSIE...
¡PUEDES ESCRIBIR UN ARTÍCULO!
MILLONES DE PERSONAS LEEN LOS ARTÍCULOS DE TÍA CASSIE.
EL AÑO PASADO ESCRIBIÓ UNO SOBRE UNA COMPAÑÍA QUE ARROJABA QUÍMICOS DAÑINOS A UN RÍO. AHORA EL PRESIDENTE DE ESA COMPAÑÍA ESTÁ EN LA CÁRCEL.

TIENE RAZÓN.
SI MÁS GENTE SUPIERA LO QUE PASA EN EL PARQUE, LAS COSAS PODRÍAN CAMBIAR.
ESTÁ BIEN. LO HARÉ.
PERO NECESITO AYUDA.
¡HARÉ LO QUE SEA!
¡TE DARÉ TODA LA INFORMACIÓN QUE TENGO!
BIEN.
LO PRIMERO SERÁ ENTERARNOS DE TODO LO QUE PASA AQUÍ Y POR QUÉ NADIE LO HA DENUNCIADO.
REGRESAREMOS MAÑANA TEMPRANO A LA CABAÑA Y ME PONDRÉ A ESCRIBIR.
LUEGO LLAMARÉ A ALGUNOS EDITORES Y, CON SUERTE, EL ARTÍCULO SE PUBLICARÁ PRONTO.
ESPERO QUE NO SEA DEMASIADO TARDE.

COMENZAMOS CON EL ADMINISTRADOR.
GREG, DÍGAME...
¿CUÁNDO EXACTAMENTE SE PUEDE VER A LOS GRIZZLIES?
TENEMOS QUE FINGIR QUE QUEREMOS VER A LOS OSOS, DE LO CONTRARIO GREG NO NOS VA A DECIR LA VERDAD.
E SIENTO COMO SI FUERA UNA ESPÍA.
AH, LOS GRIZZLIES VIENEN TODAS LAS NOCHES.
ESTARÁN AQUÍ AL OSCURECER. ANUNCIAREMOS SU LLEGADA.

HEMOS OÍDO HABLAR MUCHÍSIMO DE ESO.
ME SORPRENDE QUE LOS GUARDABOSQUES NO HAYAN...
EH... NO LO HAYAN ECHADO TODO A PERDER.
¿ACASO NO VA EN CONTRA DE LAS REGLAS DARLES DE COMER A LOS ANIMALES SALVAJES?
BAH, LOS GUARDABOSQU SABEN LO QU HACEMOS.
LAS OTRAS NOCHES HABÍA TRES DE ELLOS POR AQUÍ.
VIERON A LOS OSOS Y NO DIJERON NADA.

ADEMÁS, SABEN QUE NO NOS QUEDA OTRA OPCIÓN.
¿POR QUÉ?
TENEMOS QUE TIRAR LA BASURA ALLÁ ATRÁS. SI NO, ¿DÓNDE LA PONEMOS?
LA ADMINISTRACIÓN DEL PARQUE ME DIO UN INCINERADOR EN JUNIO PASADO PARA QUEMAR LA BASURA.
PERO SE ROMPIÓ. PEDÍ UNO NUEVO, Y ME IGNORARON.
ENTONCES, ¿SABEN QUE LO HACEN?
LE DOY UN GOLPECITO A STEVE. NO QUIERO QUE GREG SOSPECHE.
CLARO QUE LO SABEN. ESTO LLEVA AÑOS PASANDO EN EL CHALET.
A LOS EXCURSIONISTAS LES ENCANTA Y LOS GUARDABOSQUES LO SABEN. YO SOLO MANTENGO LA TRADICIÓN.

LE DAMOS LAS GRACIAS A GREG Y SALIMOS AFUERA PARA CALMARNOS.
¿ESCUCHARON A ESE TIPO? ¿ACASO NO SABE CUÁN *PELIGROSO* ES LO QUE HACE?
¡LES HACEN DAÑO A LOS OSOS! Y VAN A CONSEGUIR QUE ALGUIEN MUERA.
¡¿Y LA ADMINISTRACIÓN DEL PARQUE *LO SABE*?!
ESO ESTÁ MAL.
TENEMOS QUE CALMARNOS. NOS QUEDA TRABAJO POR HACER.
ES HORA DE BUSCAR EL BASURERO.

LO ENCONTRAMOS COLINA ABAJO DETRÁS DEL CHALET.
EL OLOR A COMIDA PODRIDA ME RECUERDA EL ALIENTO DE LA VIEJA FLACA CUANDO METIÓ LA CABEZA POR LA VENTANA DE LA CABAÑA.

¡MIREN!

HUELLAS DE OSOS.
¿VEN LOS DEDOS COMO ESTÁN BIEN ALINEADOS?
ASÍ SE DISTINGUE LA HUELLA DE UN GRIZZLY DE LA DE UN OSO NEGRO. LOS DEDOS DE LOS OSOS NEGROS FORMAN UNA CURVA.
Y MIREN ESTO...
LAS HENDIDURAS SON LAS PUNTAS DE LAS GARRAS. ¿VEN QUE ESTÁN A MÁS DE UNA PULGADA DE LA PARTE DELANTERA DEL PIE?
EN LAS HUELLAS DE OSO NEGRO, LAS PUNTAS DE LAS GARRAS ESTÁN MÁS CERCA DEL PIE.
¿CUÁNTOS OSOS HAN ESTADO AQUÍ?
ES DIFÍCIL SABERLO SIN ESTUDIAR BIEN LAS HUELLAS.
PERO PARECE QUE AL MENOS CINCO ADULTOS Y ALGUNOS CACHORROS.

BAJAMOS LA COLINA Y ENCONTRAMOS ALGO PEOR.
CAMPAMENTO DE GRANITE PARK
¿REALMENTE DEJAN QUE LA GENTE *ACAMPE* EN ESTE LUGAR?
LOS GRIZZLIES TIENEN QUE PASAR POR AQUÍ CAMINO AL BASURERO.
ESTO SE PONE CADA VEZ PEOR.
ESTE PARQUE ESTÁ EN MEDIO DE LA NADA. LA CARRETERA Y LA ESTACIÓN DE GUARDABOSQUES MÁS CERCANAS ESTÁN A MILLAS DE DISTANCIA.
SI ALGO SUCEDE... SI ALGUIEN RESULTA HERIDO...
LA AYUDA TARDARÁ MUCHO EN LLEGAR.

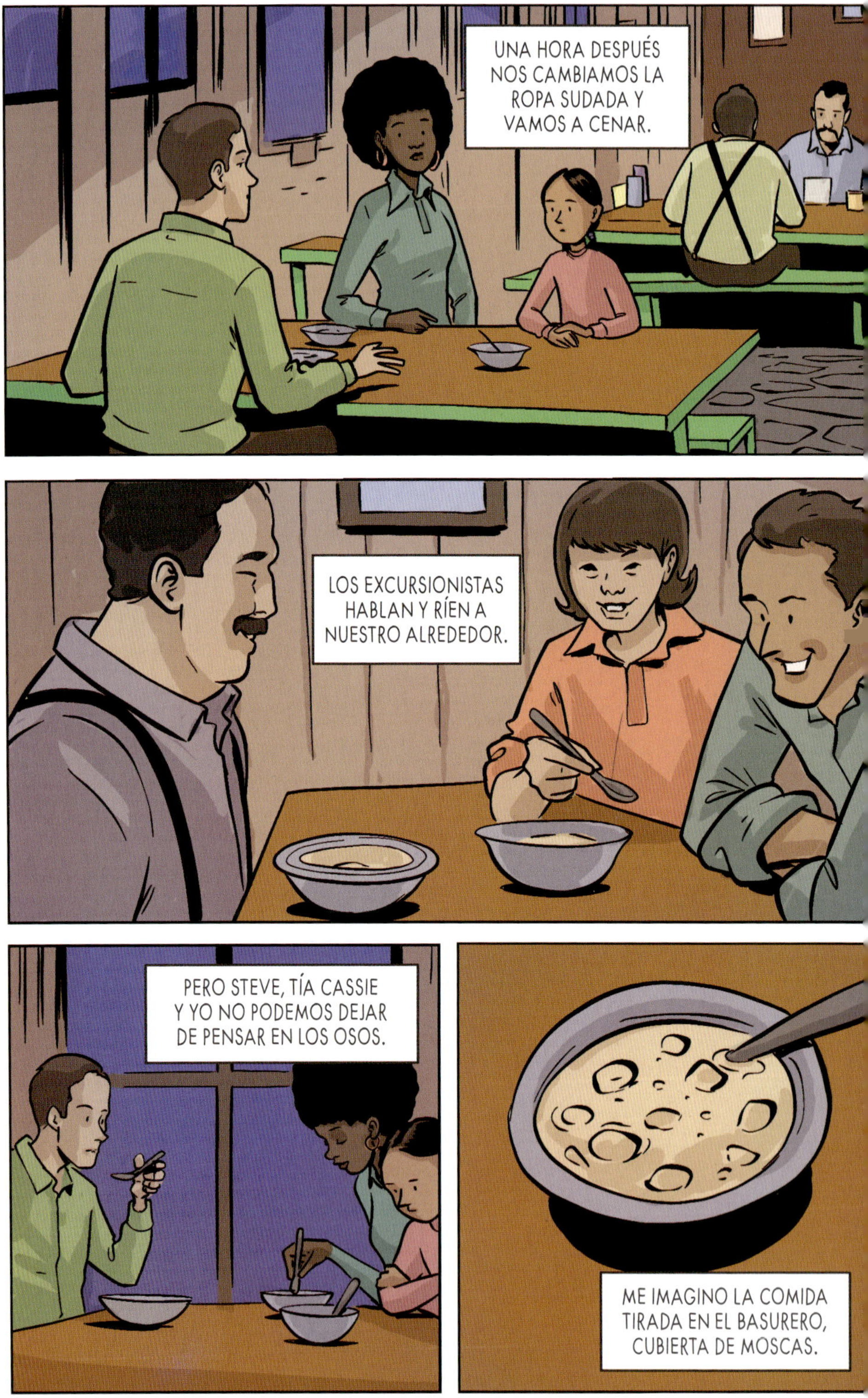
UNA HORA DESPUÉS NOS CAMBIAMOS LA ROPA SUDADA Y VAMOS A CENAR.
LOS EXCURSIONISTAS HABLAN Y RÍEN A NUESTRO ALREDEDOR.
PERO STEVE, TÍA CASSIE Y YO NO PODEMOS DEJAR DE PENSAR EN LOS OSOS.
ME IMAGINO LA COMIDA TIRADA EN EL BASURERO, CUBIERTA DE MOSCAS.

ESTOY SEGURA DE QUE *WILDLIFE TODAY* VA A QUERER EL ARTÍCULO.
PODRÍA USAR LA VIEJA MÁQUINA DE ESCRIBIR QUE HAY EN LA CABAÑA.
TERMINARÉ EL ARTÍCULO EN UNOS DÍAS.
PERO TOMARÁ AL MENOS DOS MESES QUE LO PUBLIQUEN. QUIZÁS MÁS.
ME GUSTARÍA QUE TÍA CASSIE PUDIERA ENVIARLE EL ARTÍCULO A LA GENTE CON SOLO APRETAR UN BOTÓN.
PERO ESTAMOS EN 1967 Y ESTA ES LA VIDA REAL, NO UN CUENTO DE CIENCIA FICCIÓN.
TODOS LOS CUARTOS ESTÁN LLENOS.
TAMBIÉN VENDRÁ GENTE QUE SE ESTÁ QUEDANDO EN EL CAMPAMENTO.

¿CUÁNTAS DE ESTAS PERSONAS HABRÁN VENIDO A VER A LOS GRIZZLIES COMER BASURA?
¡ES LA HORA DE IR A CANTAR!
¿QUÉ PASA?
¡ES UNA TRADICIÓN DE GRANITE PARK!
TODAS LAS NOCHES DESPUÉS DE LA CENA SE CANTA A CORO.
YO CANTO COMO UN LORO CHILLÓN.
ESTOY SEGURO DE QUE LO HACES MEJOR QUE YO.
REMA, REMA, REMA EL BOTE...

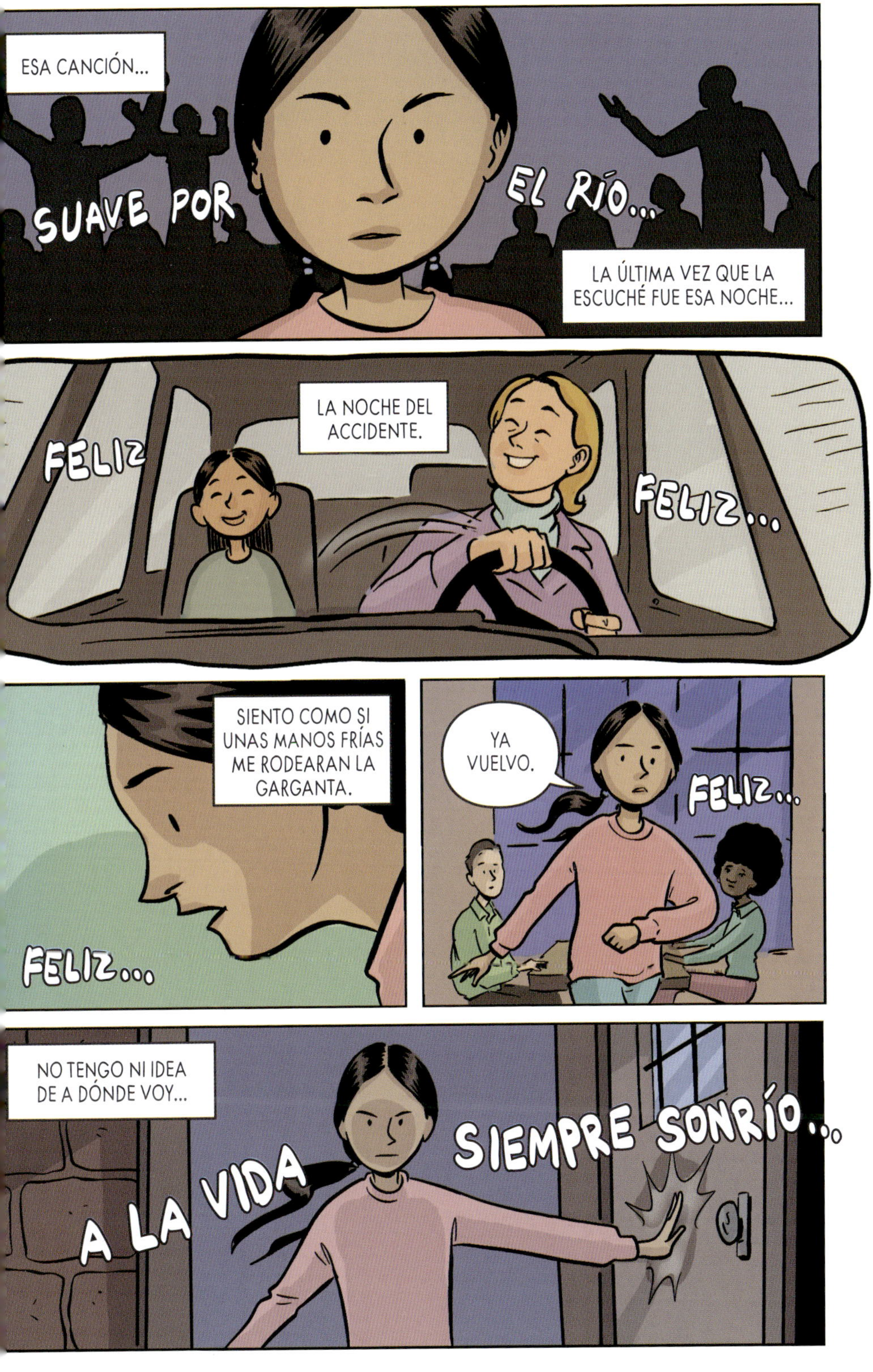

ESA CANCIÓN...
SUAVE POR
EL RÍO...
LA ÚLTIMA VEZ QUE LA ESCUCHÉ FUE ESA NOCHE...
LA NOCHE DEL ACCIDENTE.
FELIZ
FELIZ...
SIENTO COMO SI UNAS MANOS FRÍAS ME RODEARAN LA GARGANTA.
FELIZ...
YA VUELVO.
FELIZ...
NO TENGO NI IDEA DE A DÓNDE VOY...
A LA VIDA
SIEMPRE SONRÍO...

PERO SALGO A TODA VELOCIDAD.
EL CORAZÓN ME LATE A UNA MILLA POR SEGUNDO.
TODO A MI ALREDEDOR SE DESVANECE.

CORRO HASTA QUE LOS LATIDOS DE MI CORAZÓN AHOGAN LA CANCIÓN QUE RESUENA EN MI CABEZA.
FINALMENTE...

AAYYY
NO PUEDO CORRER MÁS...

Y LAS LÁGRIMAS BROTAN DE MIS OJOS.

POCO A POCO ME RECUPERO DEL MAREO.
ME SIENTO ATURDIDA, COMO SI HUBIERA DESPERTADO DE UNA PESADILLA.
NO ES LA PRIMERA VEZ QUE ESTO OCURRE.
UNA VEZ ME PASÓ POR AL LADO UNA PROFESORA CON EL MISMO PERFUME QUE USABA SIEMPRE MI MAMÁ.
SOLO RECUERDO QUE DE PRONTO ESTABA EN UN PARQUE.
NO TENÍA NI IDEA DE CUÁNTO TIEMPO LLEVABA ALLÍ.
EN OTRA OCASIÓN SALÍA DE UNA TIENDA CON MI PAPÁ CUANDO OÍ UNA SIRENA.
OFE
SONABA COMO LA AMBULANCIA QUE SE LLEVÓ A MI MAMÁ DESPUÉS DEL ACCIDENTE.
VOLVÍ EN MÍ A UNA CUADRA DE DISTANCIA, DETRÁS DE UNA PANADERÍA.

SIEMPRE NECESITO UNOS MINUTOS PARA ACLARAR LA MENTE DESPUÉS DE ESOS EPISODIOS.
SERÁ MEJOR QUE AVERIGÜE DÓNDE ESTOY.
STEVE Y TÍA CASSIE DEBEN DE ESTAR BUSCÁNDOME POR TODAS PARTES.
GROARRRRR

ENTONCES ME DOY CUENTA DE A DÓNDE ME HA LLEVADO MI CARRERA A CIEGAS...

AL BASURERO.
ESTOY A POCOS PIES DE ALLÍ.
Y JUSTO DELANTE...

HAY UN GRIZZLY.
GROARRRRRRR...

¡OIGAN TODOS!
¡HAY UN OSO! ¡EL SHOW ESTÁ POR COMENZAR!
EL OSO ESTÁ A UNOS VEINTE PIES DE MÍ.
TIENE LOS OJOS CLAVADOS EN MÍ.
MANTÉN LA CALMA. MANTÉN LA CALMA. MANTÉN LA CALMA.
PIENSO EN DAR MARCHA ATRÁS COMO LA OTRA NOCHE EN LA CABAÑA...
PERO MIS PIES PARECEN ESTAR PEGADOS AL SUELO.

EL GRIZZLY BAJA LA CABEZA.
TIENE LAS OREJAS HACIA ATRÁS...
COMO LA MAMÁ OSA QUE ATACÓ A STEVE.
¡YUUJUUUUUU!
¡AQUÍ ESTÁ LA COMIDA! ¡VEN A BUSCARLA!
QUISIERA QUE LA GENTE APAGARA LAS LINTERNAS...
ESTÁN ENOJANDO AÚN MÁS AL OSO.
GROA
RRRRR

NO TENGO UNA MOCHILA A LA ESPALDA QUE ME PROTEJA COMO A STEVE, NI BOTAS RESISTENTES.
MEL, HAZTE LA MUERTA, HAZTE LA MUERTA...
¡UN PINO!
LOS GRIZZLIES PUEDEN TREPAR...
PERO LA MAYORÍA NO LO HACE.
QUIZÁS...

PUFF
MPFMMPZ
GROARRRR
SUISS

SIENTO UNA ARDENTÍA INSOPORTABLE...
MPFMMP
PERO SIGO ADELANTE.
PUFF
PUFF
PUFF
¡OYE, OSO! LA COMIDA ESTÁ AQUÍ DETRÁS, NO EN ESE PINO.
¡ESPEREN! ¡HAY UNA NIÑA SUBIDA AL PINO!
¡TENEMOS QUE AYUDARLA!

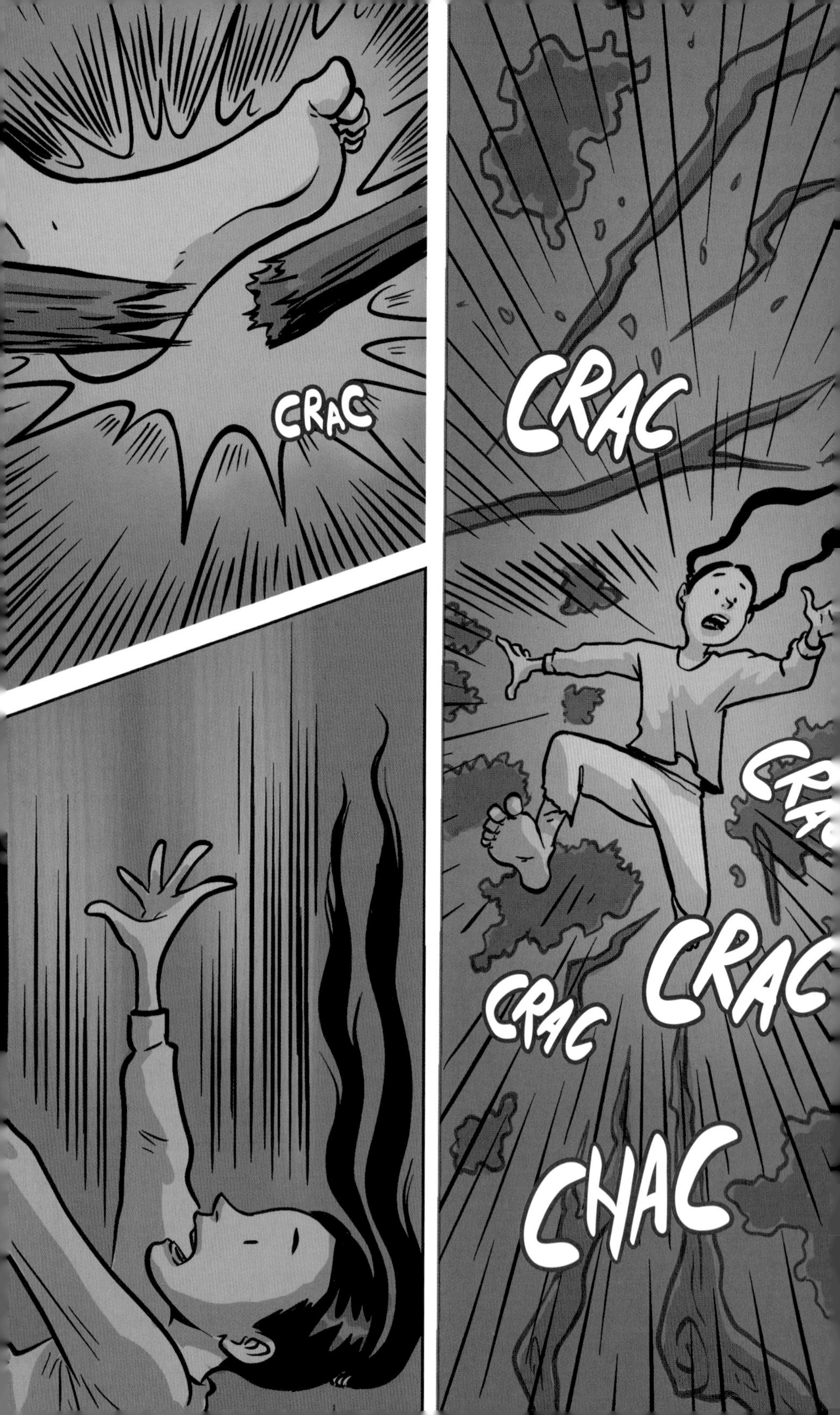
CRAC
CRAC
CRA
CRAC
CRAC
CHAC

PUM
AGARRO LO PRIMERO QUE ENCUENTRO.
EL PALITO ME PARECE UN ARMA RIDÍCULA...
NO ME SORPRENDERÍA QUE EL OSO SE ECHARA A REÍR.

CRUJE CRUJE CRUJE
ESCUCHO UN RUIDO ENTRE LOS ARBUSTOS.
¡MEL! ¡ALLÁ VAMOS!
¡Y A TÍA CASSIE Y A STEVE!
PERO AL OSO ESO NO PARECE IMPORTARLE.
ENTONCES OIGO OTRO RUIDO.
CLIC CLAC CLIC CLAC CLIC

SIN PENSARLO DOS VECES METO EL PALO ENTRE LOS ARBUSTOS.
TOC
GOLPEO ALGO SÓLIDO.
CLIC
CLIC
CLAC
CLAC
CLIC
¡ES UN PUERCOESPÍN ENORME!
TIENE LAS PÚAS PARADAS COMO LANZAS.

GROARRRRRRR
NO PARECE UN GRUÑIDO...
MÁS BIEN UN QUEJIDO...
EL OSO TIENE MIEDO.
TODO LO DEMÁS... LAS VOCES, LAS LINTERNAS QUE SE ACERCAN...
TODO SE DESVANECE.
EN ESTE MOMENTO ESTAMOS SOLO EL OSO...
EL PUERCOESPÍN...
Y YO.

TRES ANIMALES ATERRORIZADOS EN MEDIO DEL BOSQUE.

Una hora después...
TODO FUE POR MI CULPA...
STEVE ME LIMPIÓ Y ME VENDÓ LA PIERNA. LA HERIDA NO ES TAN PROFUNDA.
NO SIENTO NINGÚN DOLOR. SOLO ESTOY MOLESTA CONMIGO MISMA...
ME QUEDARÁ UNA CICATRIZ, PERO NO COMO LA DE STEVE.
FUE CULPA MÍA QUE ME ATACARA.
ESO ES LO QUE PIENSA LA MAYORÍA EN EL CHALET.
¿QUÉ ESTABA HACIENDO AHÍ ESA NIÑA ESTÚPIDA?
¡NO SE ATREVA A LLAMARLA ASÍ!
ESTE LUGAR... LO QUE HACEN AQUÍ... ¡ESTÁ MAL!
ES UN MILAGRO QUE ESTÉ VIVA.

LO PEOR FUE LO QUE OÍ CUANDO TÍA CASSIE ME LLEVABA ARRIBA.
¡FUE INCREÍBLE!
UNA NIÑA Y UN GRIZZLY...
¡Y LUEGO APARECE UN PUERCOESPÍN! NO SE PUEDE INVENTAR ALGO ASÍ...
SE RIERON COMO SI TODO HUBIERA SIDO UN ESPECTÁCULO.

EL RECUERDO ME HACE LLORAR AÚN MÁS.
SOLLOZO
BUENO. YA FUE SUFICIENTE.
NO LLORES MÁS. NO FUE CULPA TUYA.
¡LA GENTE QUE TRABAJA AQUÍ LE HA ESTADO DANDO DE COMER A LOS OSOS! ¿QUÉ TIENES TÚ QUE VER CON ESO?
PERO SI NO HUBIERA SALIDO CORRIENDO...
NO. Y OTRA COSA...
EL ACCIDENTE DE TU MAMÁ TAMPOCO FUE CULPA TUYA.

SÍ. SÉ QUE ESO ES LO QUE PIENSAS.
SÉ QUE POR ESO NO QUIERES HABLAR DEL ASUNTO.
¿CÓMO LO SABES?
PORQUE TE *CONOZCO.*
QUIZÁS YO ME SENTIRÍA IGUAL SI HUBIESE TENIDO ONCE AÑOS Y MI MAMÁ... MI *MARAVILLOSA* MAMÁ... HUBIESE MUERTO DELANTE DE MÍ.
QUERRÍA HALLAR UNA EXPLICACIÓN. QUERRÍA SABER *¿POR QUÉ?*
PREFERIRÍA PENSAR QUE FUE MI CULPA A ADMITIR QUE NO EXISTE UNA RAZÓN... QUE FUE SOLO UN ACCIDENTE.
PERO ESO NO ESTÁ BIEN. TIENES QUE DEJAR DE PENSAR ASÍ.
¿SABES LO QUE DIRÍA TU MAMÁ SI SUPIESE QUE TE CULPAS POR LO QUE PASÓ?
¿SABES LO MOLESTA QUE SE PONDRÍA?

RECUERDO EL TEMPERAMENTO FUERTE DE MI MAMÁ...
Y, PARA MI SORPRESA...
¡JA!
ME RÍO.
NO PORQUE ME DÉ GRACIA...
SINO PORQUE ME AGRADA VOLVER A REÍR.
TOC TOC
¡ADELANTE!
¿TODO BIEN?
YA LO ESTARÁ.

A la mañana siguiente...
NO TENEMOS QUE CONTARLE A ABUELO SOBRE EL GRIZZLY, ¿VERDAD?
MEL...
¿POR FAVOR? SE PREOCUPARÍA DEMASIADO.
TE PROMETO QUE LES CONTARÉ TODO A ÉL Y A PAPÁ CUANDO REGRESEMOS A WISCONSIN.
ESTÁ BIEN, MEL. NO LE DIREMOS NADA A TU ABUELO POR AHORA.

LLEGAMOS A LA CABAÑA A LAS TRES DE LA TARDE.
LE CONTAMOS A MI ABUELO LO QUE DESCUBRIMOS EN EL CHALET DE GRANITE PARK... SOBRE EL BASURERO Y EL SHOW DE LOS OSOS.
CONVERTIMOS LA CABAÑA EN LA OFICINA DE TÍA CASSIE.
EL RUIDO DE LA VIEJA MÁQUINA DE ESCRIBIR NO CESA POR TRES DÍAS.
TAP TAP
TAP TAP TAP TAP TAP
EL SÁBADO VAMOS AL PUEBLO A ENVIAR EL ARTÍCULO POR CORREO.
EL EDITOR DE *WILDLIFE TODAY* LO ESTÁ ESPERANDO.

ÉCHALO TÚ.
FUE IDEA TUYA.
OFICINA DE CORREOS
CORREO
HAGÁMOSLO JUNTAS.
ESTÁ BIEN... JUNTAS.
SIENTO UNA RÁFAGA DE ESPERANZA...
CORREO
CORREO

PERO ESA SENSACIÓN DESAPARECE AL DÍA SIGUIENTE.
¡STEVE! ¿ESTÁS BIEN?
STEVE, ¿QUÉ OCURRE?
¿QUÉ PASÓ?

ANOCHE ATACARON LOS OSOS.
"EN EL CAMPAMENTO JUNTO AL CHALET, DESPUÉS DE LA MEDIANOCHE".
"UN GRIZZLY ARRASTRÓ A UNA CHICA DE DIECINUEVE AÑOS FUERA DE SU SACO DE DORMIR".
"HABÍA UN CHICO CON ELLA. UN JOVENCITO".
EL CHICO ESTÁ GRAVEMENTE HERIDO, PERO SOBREVIVIÓ.
LA CHICA, NO.

UNAS HORAS DESPUÉS HUBO OTRO ATAQUE.
OTRA CHICA MURIÓ, Y NO OCURRIÓ EN GRANITE PARK.
¿DÓNDE FUE?
EN TROUT LAKE.
¡PERO ESO QUEDA A DIEZ MILLAS DE GRANITE PARK!
TIENE QUE SER UN ERROR. LOS GRIZZLIES NO ANDAN TAN RÁPIDO.
FUE OTRO OSO.
PERO, MIJO, ESO NO PUEDE SER. ¿DOS CHICAS ATACADAS POR DOS OSOS DIFERENTES EN UNA MISMA NOCHE? ¡ES IMPOSIBLE!
YA LO SÉ... PERO SUCEDIÓ.
LO SUPE POR LOS GUARDABOSQUES.
AHORA MISMO ESTÁN CAZANDO A LOS OSOS.

ME SIENTO MAL.
BIEN.
HE TOMADO UNA DECISIÓN.
NOS VAMOS DE AQUÍ EN CUANTO PODAMOS. ES PELIGROSO QUEDARSE.
LA VOZ LE TIEMBLA...
COMO CUANDO ME DIJO QUE MI MAMÁ YA NO ESTABA, DESPUÉS DEL ACCIDENTE.

EL MARTES POR LA MAÑANA YA HABÍAMOS EMPACADO, LIMPIADO LA CABAÑA Y METIDO EL EQUIPAJE EN LOS AUTOS.
¡STEVE! GRACIAS POR VENIR...
SOLO QUERÍA DESPEDIRME.
ME QUEDARÉ POR ACÁ UN TIEMPO...
LOS GUARDABOSQUES ME HAN PEDIDO AYUDA.
SE HAN DADO CUENTA DE QUE LAS COSAS TIENEN QUE CAMBIAR.

YA COMENZARON A RECOGER BASURA EN LOS CAMPAMENTOS.
Y TENDRÁN QUE HACER MUCHO MÁS...
AL MENOS ES UN COMIENZO.
PERO MIREN LO QUE PASÓ... ESAS POBRES CHICAS.
LAS DOS CHICAS TENÍAN DIECINUEVE AÑOS Y ESTABAN EN LA UNIVERSIDAD. TRABAJABAN DURANTE EL VERANO EN EL PARQUE.
COMO HACÍAN MI MAMÁ Y TÍA CASSIE CUANDO ESTABAN EN LA UNIVERSIDAD.

¿Y LOS OSOS? ¿LOS ENCONTRARON?
EL DE GRANITE PARK ERA UNA OSA CON DOS CACHORROS.
LA MATARON. TENÍA UNA PATA HERIDA. PROBABLEMENTE SE CORTÓ CON VIDRIO.
DEBÍA DE DOLERLE.
¿Y EL OTRO? ¿EL DE TROUT LAKE?

SÉ LO QUE VA A DECIR...
FUE LA MISMA OSA QUE ESTUVO AQUÍ... ESTOY SEGURO.
ESTABA FLACA Y ENFERMA. TAMBIÉN LA MATARON.
ESA OSA ESTABA SUFRIENDO. TENÍA VIDRIO ENTRE LOS DIENTES.
LA VIEJA FLACA.
ESA OSA NO ERA UN MONSTRUO.
ERA SIMPLEMENTE UN ANIMAL ADOLORIDO Y ENFERMO.

ADIÓS, STEVE.
QUE TENGAN BUEN VIAJE.
TRATARÉ DE VISITARLOS EN UNAS SEMANAS.
DEJAMOS ATRÁS LA CABAÑA.
TÍA CASSIE NOS SIGUE EN SU VOLKSWAGEN.
SE VA A PASAR UNA SEMANA CON NOSOTROS EN WISCONSIN.
BAJO LA VENTANILLA E INHALO EL DULCE AROMA DE LOS PINOS.

VEO AL LAGO MCDONALD DESAPARECER HASTA CONVERTIRSE EN UNA FINA LÍNEA COLOR TURQUESA.
ME DESPIDO CON UN SUSURRO...
POR SI ACASO.

POR SI ACASO NO VOLVEMOS MÁS AL PARQUE.

Un año después...

¡LLEGAMOS!
¡¡¡YUPIIIIIII!!!
¡ESPÉRAME!
QUÉ BUENO ESTAR DE REGRESO.

ASÍ ES.
ABUELO ARREGLÓ LA PUERTA.
SE VE IGUAL QUE ANTES. NUESTRA ACOGEDORA CABAÑA...
Y EL LAGO MCDONALD QUE RESPLANDECE BAJO EL SOL DE LA TARDE...
TODO SE VE IGUAL, PERO MUCHAS COSAS HAN CAMBIADO EN EL LUGAR.
HEMOS ESTADO AL TANTO A TRAVÉS DE STEVE...
Y POR EL ARTÍCULO QUE ESCRIBIÓ TÍA CASSIE PARA LA REVISTA...
WILDLIFE
Today
CÓMO UNA NOCHE DE AGOSTO TRANSFORMÓ EL PARQUE PARA SIEMPRE.

LAS MUERTES DE ESAS DOS CHICAS CAMBIARON EL DESTINO DE LOS PARQUES NACIONALES EN ESTADOS UNIDOS.
LOS CAMPAMENTOS ESTÁN LIMPIOS.
EL BASURERO DEL CHALET YA NO EXISTE.
TAMPOCO OTROS BASUREROS ALREDEDOR DEL PARQUE.
EL CHALET TIENE UN INCINERADOR NUEVO...
Y UN NUEVO ADMINISTRADOR.
HAY MÁS GUARDABOSQUES PARA VIGILAR LOS SENDEROS Y HACERLES SEGUIMIENTO A LOS OSOS.

LOS EXCURSIONISTAS DEBEN SEGUIR UNA LARGA LISTA DE REGLAS PARA ACAMPAR Y HACER SENDERISMO...
REGLAS PARA ACAMPAR Y HACER SENDERISMO
NO DEJAR BASURA O COMIDA EN LOS CAMPAMENTOS.
NUNCA DARLES DE COMER A LOS ANIMALES. SER RESPETUOSO.
ALGUNOS EXCURSIONISTAS SIGUEN LAS REGLAS...
OTROS NO.
SÉ QUE A ALGUNA GENTE LE TOMARÁ AÑOS APRENDER A SER RESPETUOSA CON LA NATURALEZA.
PERO AHORA TENGO ESPERANZA.

DESPUÉS DE UNA CENA DE PERRITOS CALIENTES Y FRIJOLES, VAMOS AL LAGO.
A TU MAMÁ LE GUSTABA MUCHO ESTE LUGAR.
LO SÉ.
¿RECUERDAS COMO NOS RETABA A QUE NOS LANZÁRAMOS AL LAGO?
"Y CÓMO NOS OBLIGÓ A SUBIR A LO ALTO DE LA TORRE DE INCENDIOS?".
"¿Y LA VEZ QUE PESCÓ CUATRO TRUCHAS EN UNA TARDE?".
¿Y SE LA PASÓ PRESUMIENDO TODO EL VERANO?

AHORA HABLAMOS DE MI MAMÁ CONSTANTEMENTE.
Y CUANDO SIENTO QUE EL CORAZÓN SE ME VA A PARTIR EN DOS, NO ME QUEDO SOLA EN MI HABITACIÓN.
BUSCO A MI PAPÁ O A MI ABUELO, O LLAMO A ALGUNA DE MIS AMIGAS.
¡MEL! ¡PAPI!
¡VENGAN! ¡ESTAMOS ASANDO MALVAVISCOS!
¡YA VAMOS!
TU HERMANO ES AÚN MÁS MANDÓN QUE TU MAMÁ.
SI ESO ES POSIBLE.

LLEGÓ LA HORA DEL CUENTO...
KEVIN TIENE UN NUEVO JUGUETE FAVORITO.
SOLO TÍA CASSIE SABRÍA DÓNDE COMPRAR UN PUERCOESPÍN DE PELUCHE.
EXTRAÑO MUCHO A MI MAMÁ...
PERO SÉ QUE ESTARÍA FELIZ DE QUE TODOS ESTEMOS AQUÍ.

STEVE TENÍA RAZÓN.
UNO NO DEBE QUEDARSE CON LAS COSAS POR DENTRO.
HUIR DE LA TRISTEZA ES COMO HUIR DE UN GRIZZLY.
TE PERSEGUIRÁ.
Y TE ATRAPARÁ.
Y YO NO PIENSO VOLVER A HUIR.

PASA LA PÁGINA PARA APRENDER MÁS SOBRE LOS HECHOS REALES DE

LOS ATAQUES DE LOS GRIZZLIES

Y CÓMO PUEDES AYUDAR A QUE LOS SERES HUMANOS Y LOS ANIMALES CONVIVAN EN LA NATURALEZA

Queridos lectores:

Pensarán que después de escribir este libro estaría escondida debajo de mi escritorio junto a Roy, mi perrito caniche, mirando por la ventana para asegurarme de que no viene ningún grizzly; pero ese no es el caso.

Trabajar en este libro me ha enseñado que no hay que temerles a los osos grizzlies. Son animales magníficos cuyo hábitat se ve constantemente amenazado por los seres humanos. Este libro no trata de dos ataques de animales salvajes sino sobre lo que ocurre cuando los seres humanos no respetan la naturaleza.

Supe de los ataques de osos de 1967 hace unos años cuando visité el Parque Nacional de los Glaciares. Había un libro de Jack Olsen titulado *Night of the Grizzlies* en la librería de los guardabosques. ¿Acaso era una buena idea saber sobre los ataques de osos durante mis vacaciones en el parque? Quizás no, pero después de leer unas pocas páginas supe que tenía mi próximo tema para la serie "Sobreviví".

Como suelo hacer, realicé una profunda investigación para escribir esta historia. Leí libros, vi videos y estudié ataques reales realizados por grizzlies. En la mayoría de los casos, la persona atacada había sorprendido accidentalmente a un grizzly en medio del bosque. En otros, se había acercado a propósito al animal con la esperanza de tomar una fotografía.

Y eso es lo que hace que los ataques de agosto de 1967 sean tan asombrosos. Las jóvenes que murieron trágicamente —Julie Helgeson y Michele Koons— no habían sorprendido ni amenazado a los grizzlies que las atacaron. Ambas se encontraban durmiendo en campamentos.

No obstante, los científicos coinciden en que no se puede "culpar" a los osos de esos ataques. Sigue leyendo para saber más sobre cómo los seres humanos fueron quienes provocaron los sucesos de ese terrorífico verano y cómo puedes ayudar a proteger la naturaleza y a los animales que viven en ella. Mel, Kevin, su abuelo, Steve y Cassie están ahí para guiarte.

Espero que puedas visitar el Parque Nacional de los Glaciares en algún momento de tu vida. Es un lugar realmente mágico. Es muy difícil que veas un grizzly, pero si lo ves desde una distancia prudente, considérate afortunado.

ESCENARIO DE LOS ATAQUES DE 1967

EL PARQUE NACIONAL DE LOS GLACIARES SE INAUGURÓ EN 1910. ES EL HOGAR DE OSOS, BISONTES Y MÁS DE SESENTA Y CINCO ESPECIES DE ANIMALES.

EN LAS DÉCADAS DE 1950 Y 1960 SE HIZO POPULAR **ACAMPAR** EN LOS PARQUES EN EL VERANO. ERA HABITUAL QUE LA GENTE ALIMENTARA A LOS ANIMALES SALVAJES.

PERO LA GENTE ERA DESCUIDADA CON LOS ALIMENTOS Y LA BASURA. A FINALES DE LOS AÑOS 1960, **CONTAMINAR ERA COMÚN Y CORRIENTE**.

LOS LUGARES DONDE LA GENTE SE HOSPEDABA TENÍAN INCINERADORES, PERO NO PODÍAN QUEMAR TODA LA BASURA LO SUFICIENTEMENTE RÁPIDO, ASÍ QUE **LA QUE QUEDABA LA TIRABAN** EN EL PARQUE.

El basurero detrás del Chalet de Granite Park.

LOS **BASUREROS DESBORDADOS ATRAÍAN A LOS OSOS**, QUE VEÍAN NUESTRA COMIDA COMO UN ALIMENTO FÁCIL. Y NO SOLO ESO, EL CHALET DE GRANITE PARK CONVIRTIÓ A LOS GRIZZLIES EN UNA ATRACCIÓN.

LOS OSOS APRENDIERON QUE PODÍAN HALLAR COMIDA DONDE ESTABA LA GENTE.

EN EL VERANO DE 1967 **LOS INCENDIOS FORESTALES** OBLIGARON A LOS OSOS A IR A ZONAS CON MÁS POBLACIÓN. EN AGOSTO, ERA HABITUAL VER A OSOS EN LOS CAMPAMENTOS; EN PARTICULAR UNO MUY FLACO QUE SE VEÍA A MENUDO CERCA DE TROUT LAKE.

CRONOLOGÍA DE LOS VERDADEROS ATAQUES

VERANO DE 1967:	**JULIE HELGESON** y **MICHELE KOONS**, de diecinueve años, trabajan en el parque durante las vacaciones de verano de la universidad.
12 DE AGOSTO:	Julie y Michele salen a acampar por separado. Julie y su amigo Roy Ducat acampan en el campamento de **GRANITE PARK**, al pie de la colina en la que se encuentra el chalet. Michele y sus amigos acampan en el de **TROUT LAKE**.
ALREDEDOR DE LAS 8:00 P.M.:	Un **GRIZZLY** se mete en el campamento en Trout Lake. Mientras el oso se come la comida, el grupo de Michele está haciendo una **FOGATA** junto al lago. Colocan los sacos de dormir alrededor del fuego.

13 DE AGOSTO ALREDEDOR DE LAS 12:00 A.M.:	**JULIE Y ROY**, que están durmiendo en sus sacos de dormir, son atacados por un grizzly, que se lleva a Julie arrastrada. Roy está herido, pero busca ayuda. Un helicóptero lo lleva al hospital, donde se recupera más tarde.
ALREDEDOR DE LAS 2:30 A.M.:	Un grupo sale a buscar a **JULIE**.
ENTRE LAS 2:00 Y LAS 3:00 A.M.:	En la orilla del lago un grizzly despierta al grupo de Michele. Cuando se aleja, los campistas vuelven a hacer una fogata. Tratan de **MANTENERSE DESPIERTOS**, pero finalmente se quedan dormidos.

Michele Koons, Julie Helgeson y Roy Ducat en un recorte de periódico.

Oso grizzly a la orilla de un lago.

ALREDEDOR DE LAS 3:45 A.M.: El grupo de búsqueda encuentra a Julie malherida. Dos excursionistas que son médicos tratan de ayudarla, pero **LA MUCHACHA MUERE A CAUSA DE SUS HERIDAS.**

ALREDEDOR DE LAS 4:30 A.M.: El grizzly de **TROUT LAKE** reaparece en el campamento de Michele. Los amigos de la chica trepan a los árboles. Sin embargo, el oso la arrastra antes de que ella se les pueda unir. Una vez que el oso se va, los amigos de Michele salen en busca de ayuda.

ALREDEDOR DE LAS 8:30 A.M.: Los guardabosques encuentran el cuerpo de Michele.

Un guardabosques examina el cuerpo de un oso cerca de Trout Lake.

AL DÍA SIGUIENTE, 14 DE AGOSTO: Durante los días siguientes los guardabosques matan a **CUATRO GRIZZLIES**, incluyendo al oso de Trout Lake que mató a Michele y al que se sospecha que mató a Julie.

Algunos guardabosques piensan que estos osos fueron también **VÍCTIMAS** de los problemas del parque, que la costumbre de la gente de tirar basura y alimentar a los osos había provocado un cambio en el comportamiento de los animales. Comienzan a limpiar el parque inmediatamente.

Un cartel de aviso actualmente en el Parque Nacional de los Glaciares.

Durante los meses siguientes el parque crea **NUEVAS REGLAS** para almacenar alimentos. Los guardabosques multan a los campistas que alimentan a los osos. Se instalan contenedores de basura a prueba de osos. Se cierran las zonas en las que han ocurrido avistamientos de osos hasta que estos se marchen. En 1970 muchos otros parques adoptan reglas similares.

CÓMO PUEDES AYUDAR

HOY EN DÍA LOS ANIMALES SALVAJES ENFRENTAN NUEVOS PROBLEMAS, COMO LOS HUMANOS QUE SE LES ACERCAN PARA SACARLES UNA FOTO PARA LAS **REDES SOCIALES**; ADEMÁS DE QUE LA CONTAMINACIÓN LOS SIGUE AMENAZANDO.

AQUÍ TIENES ALGUNOS CONSEJOS PARA MANTENERTE A TI Y A LOS ANIMALES SALVAJES FUERA DE PELIGRO.

EN TU VIDA COTIDIANA...

- ES PROBABLE QUE CUALQUIER PLÁSTICO QUE USES ACABE EN LA NATURALEZA, ASÍ QUE EVITA USAR PLÁSTICO SIEMPRE QUE PUEDAS.
- NO COMPRES PORCIONES INDIVIDUALES DE PAPITAS FRITAS Y GALLETAS. GENERAN MUCHA BASURA.
- PÍDELE A LA CAFETERÍA DE TU ESCUELA QUE NO UTILICE PLATOS O UTENSILIOS DESECHABLES.
- APRENDE MÁS SOBRE CÓMO RECICLAR.

SIEMPRE QUE ESTÉS EN LA NATURALEZA...

- LLÉVATE LA BASURA CONTIGO O UTILIZA LOS CONTENEDORES DE BASURA.
- MANTENTE EN LOS SENDEROS. DALE A LOS ANIMALES SU ESPACIO.
- NO COMAS EN LOS SENDEROS. COME SOLO EN LAS ZONAS DESIGNADAS.
- PONLE CORREA A TU PERRO.
- NO ALIMENTES NI LES DEJES COMIDA A LOS ANIMALES.

Y RECUERDA, ¡NO TE PONGAS EN PELIGRO PARA TOMAR UNA BUENA FOTO!

CONSEJOS DE SEGURIDAD

SI TE ENCUENTRAS EN UN TERRITORIO DE OSOS, RECUERDA ESTOS CONSEJOS:

- DEJA A TU PERRO EN LA CASA.
- CAMINA EN GRUPOS DE TRES O MÁS.
- DÉJALES SABER A LOS DEMÁS HACIA DÓNDE VAS Y CUÁNDO VAS A VOLVER.
- PRESTA ATENCIÓN AL CAMINO Y A LAS HUELLAS Y EXCREMENTOS DE OSO.
- HAZ RUIDO: APLAUDE, CANTA O HABLA EN VOZ ALTA.
- PRESTA MÁS ATENCIÓN CUANDO ESTÉS EN ZONAS DE MUCHA VEGETACIÓN O CERCA DE ARBUSTOS CON BAYAS.
- HAZ QUE TU FAMILIA LLEVE SPRAY PARA OSOS.

SI TE ENCUENTRAS CON UN GRIZZLY

POR MUCHO CUIDADO QUE TENGAS, ES POSIBLE QUE **VEAS UN GRIZZLY** CUANDO VAYAS DE EXCURSIÓN. ESTO ES LO QUE HAY QUE HACER:

- NO CORRAS.
- NO PIERDAS DE VISTA AL OSO.
- HABLA EN VOZ BAJA Y CALMADAMENTE.
- ALÉJATE LENTAMENTE SIN DARLE LA ESPALDA AL OSO.

RECUERDA:

- UN OSO QUE SE PARA EN DOS PATAS SOLO TE ESTÁ OBSERVANDO.
- A VECES UN OSO SALE CORRIENDO PARA ASUSTARTE, PERO NO DEBES CORRER. LA MAYORÍA SE DETIENE ANTES DE LLEGAR A TI.
- SUBIRSE A UN ÁRBOL NO ES UNA FORMA DEFINITIVA DE ESCAPAR. ALGUNOS GRIZZLIES SABEN TREPAR.
- LA MAYORÍA DE LOS ATAQUES DE OSOS NO SON COMO LOS DE 1967, EN LOS QUE LOS OSOS ATACARON A PERSONAS DORMIDAS, SINO QUE OCURREN GENERALMENTE CUANDO ALGUIEN LOS SORPRENDE, ESPECIALMENTE SI SE TRATA DE UNA MAMÁ OSA CON SUS CACHORROS.

SI TE ATACA UN GRIZZLY
ESTO ES LO QUE HAY QUE HACER.
JUSTO ANTES DE QUE EL OSO SE TE ACERQUE, LÁNZATE AL SUELO BOCA ABAJO.
MANTÉN LA MOCHILA EN SU SITIO PARA PROTEGERTE LA ESPALDA.
PONTE LAS MANOS DETRÁS DEL CUELLO. ABRE BIEN LAS PIERNAS.
CLAVA LOS PIES Y LOS CODOS EN LA TIERRA PARA QUE EL OSO NO PUEDA DARTE LA VUELTA.
QUÉDATE QUIETO Y NO TE MUEVAS.
EL ATAQUE TERMINARÁ EN CUESTIÓN DE SEGUNDOS Y EL OSO SE IRÁ UNA VEZ QUE SE SIENTA FUERA DE PELIGRO.
DESPUÉS DE QUE SE VAYA, QUÉDATE QUIETO EL MAYOR TIEMPO POSIBLE ANTES DE LEVANTARTE. BUSCA ATENCIÓN MÉDICA EN CUANTO PUEDAS.
¡GRACIAS, MEL!
¡DE NADA!

PARA SABER MÁS...

Para más información sobre grizzlies y medidas de seguridad, visita:

Get Bear Smart Society, bearsmart.com

Servicio de Parques Nacionales, nps.gov/subjects/bears/safety.htm

Para aprender más sobre cómo proteger el ambiente y los animales, visita:

The World Wildlife Fund, worldwildlife.org

The Nature Conservancy, natureconservancy.org

Para aprender más acerca de cómo reciclar y producir menos basura, visita:

National Institute of Environmental Health Sciences, kids.niehs.nih.gov/topics/reduce

BIBLIOGRAFÍA SELECCIONADA

Guthrie, C. W., *Glacier National Park: The First 100 Years*, Helena, MT: Farcountry Press, 2008.

Herrero, Stephen, *Bear Attacks: Their Causes and Avoidance*, Edición revisada, Guilford, CT: Lyons Press, 2002.

McMillion, Scott, *Mark of the Grizzly*, Segunda edición, Guilford, CT: Lyons Press, 2011.

Parratt, Mark W., *Fate Is a Mountain*, Whitefish, MT: Sun Point Press, 2009.

Pringle, Laurence P., *Bearman: Exploring the World of Black Bears*, Nueva York: Charles Scribner's Sons, 1989.

Public Broadcasting Service, *Glacier Park's Night of the Grizzlies*, DVD, dirigido por Gus Chambers, Missoula, MT: KUFM TV/Montana PBS, 2010.

MÁS LIBROS QUE TE PODRÍAN GUSTAR

Tarshis, Lauren, *Sobreviví los ataques de tiburones de 1916: La novela gráfica*, Nueva York: Scholastic, 2021.

LAUREN TARSHIS

LA SERIE SOBREVIVÍ DE LA LISTA DE LIBROS MÁS VENDIDOS DEL *NEW YORK TIMES* CUENTA LAS EXPERIENCIAS DE JÓVENES TENACES EN MEDIO DE DESASTRES INIMAGINABLES Y MOMENTOS DE GRAN CONFUSIÓN. LAUREN HA APORTADO SU DISTINTIVA CALIDEZ, INTEGRIDAD E INVESTIGACIÓN EXHAUSTIVA A TEMAS COMO EL DESEMBARCO DE NORMANDÍA, LA REVOLUCIÓN DE LAS TRECE COLONIAS, EL HURACÁN KATRINA, EL ATAQUE A PEARL HARBOR Y OTROS SUCESOS MUNDIALES. VIVE EN CONNECTICUT CON SU FAMILIA Y LA PUEDES ENCONTRAR EN LAURENTARSHIS.COM.

GEORGIA BALL

HA ESCRITO CÓMICS DE MUCHOS DE LOS PERSONAJES FAVORITOS DE SU INFANCIA, COMO SON ROSITA FRESITA, TRANSFORMERS, LITTLEST PET SHOP, MI PEQUEÑO PONY Y LAS PRINCESAS DE DISNEY. ADEMÁS DE ADAPTAR LAS NOVELAS GRÁFICAS DE LA SERIE SOBREVIVÍ, GEORGIA ESCRIBE SOBRE SUCESOS HISTÓRICOS COMO LAS BATALLAS DE KURSK Y GUADALCANAL EN LA SEGUNDA GUERRA MUNDIAL. VIVE CON SU ESPOSO, SU HIJA Y SUS REVOLTOSAS MASCOTAS EN FLORIDA. VISÍTALA EN GEORGIABALLAUTHOR.COM.

BERAT PEKMEZCI

ES UN ILUSTRADOR NACIDO EN ESTAMBUL QUE VIVE EN LONDRES. HA ILUSTRADO *LOS INDESTRUCTIBLES* DE DC COMICS, *TOP 20 DAREDEVILS: COUNTDOWN TO DANGER* Y MUCHOS OTROS PROYECTOS. CUANDO NO ESTÁ TRABAJANDO, PASA EL TIEMPO LEYENDO CÓMICS Y COLECCIONANDO CAMISETAS DE FÚTBOL.

LEO TRINIDAD

ES UN DIBUJANTE Y ANIMADOR COSTARRICENCE. HA CREADO SERIES PARA DREAMWORKS Y CARTOON NETWORK. EN 2018 GANÓ EL PRIMER LUGAR EN EL CONCURSO DE NOVELA GRÁFICA CENTROAMERICANA ORGANIZADO POR LA ALIANZA FRANCESA DE COSTA RICA.